W0348208

the Dining Room

FOR THE LOVE OF CELEBRATING LIFE

Dieses Buch ist für

Chefredakteur Mario Wilplinger

Viel Lebensfreude wünscht Ihnen mit diesem Buch und dankt herzlich für Ihr Interesse

Angelika [illegible]

2014

206

Angelika Apfelthaler

Destination Lebensfreude

the Dining Room

Angelika Apfelthaler

Destination Lebensfreude

Mit einem Vorwort
von Anna Del Conte

BÜCHER ZUM GENIESSEN
EDITION ESSPAPIER

The New York Times
Dining That's Not Set to Strauss Waltzes

Inhalt

In this book, Angelika brings to life some of her favourite places and times spent with friends through various dishes. She knows, as Proust did, how memories are so strongly recalled by food. With a mouthful of something or other she has cooked in her kitchen in Vienna, she finds herself in the peaceful Val d'Orcia, in the harsh mountains of Carinthia or Friuli, along the rocky coast of the Istrian peninsula, amidst the green rolling hills of Montepulciano and Pienza, eating at the local trattoria surrounded by her friends and the locals.

Angelika is a true Italophile; so most of the recipes are of Italian origin. The Tortino di Ricotta (page 22) takes her back to the garden of La Casellina or the Origo's villa in Val d'Orcia, while the tiny cuttlefish swimming in a winy tomato sauce (page 124) remind her of that wonderful meal she had in that restaurant right beside the sea at Abbazia, now the Croatian Opatija, where the food is a perfect combination of Italian and Slav cuisine. She eats something she loves and she brings the memory of it back to Vienna, where, in the kitchen of her restaurant, she reproduces it, very often achieving a far better version than the original has ever been. I know that as a fact. I, she says, have inspired her with quite a few of my recipes. Most of her resulting dishes are, I tell you, better than my original. Her Scarpazzone, for instance (page 200), originally mine, has Angelika's strong imprint the way she serves it with a giant prawn on top, a perfect combination of flavour and texture. Angelika has a natural understanding of the ingredients, how to combine them and how best to cook them and, thus, she manages to achieve the perfect final result.

This fascinating book is divided into twelve short chapters, all dedicated to places or people Angelika loves. It is a collection of about forty of her favourite recipes, some quite simple like the Octopus Salad (page 52) or the Panzanella (page 86), some quite demanding. I hope that when you cook and eat these dishes in your home, wherever it may be, you are brought back to Vienna to the elegant atmosphere of the Dining Room and you feel surrounded by the warm welcoming presence of Angelika and Gino. I certainly do and this makes the dish I am eating even more delicious.

Anna Del Conte

A

m 23. September 2010 – sechzehn Monate nach dem ersten Vorgespräch – hielt ich mein Buch »the Dining Room. Ein Haus, ein Traum, ein Restaurant« erstmals in Händen – ein bewegender Moment! Nach der Buchpräsentation im großen Festsaal des Amtshauses meines schönen Wiener Heimatbezirks Hietzing, zwischen Schloss Schönbrunn und dem Wienerwald, begann für »the Dining Room« auch eine neue Ära. Die Idee dahinter, das »Private Dining«, wurde von den Medien aufgegriffen, und auch zwei Fernsehauftritte trugen dazu bei, dass mein kleines Lokal in den Jahren 2011/2012 laufend ausgebucht war. Es war eine Zeit des – finanziellen – Durchatmens, doch auch ein Grenzgang zwischen Bewältigung und Bewahrung – auf dass Liebe und Traum nicht verloren gehen mögen.

Authentizität Während ich heute dankbar an meinem zweiten Buch arbeite, hoffe ich, auch in absehbarer Zukunft das umsetzen zu dürfen, wofür ich mich inzwischen entschieden habe: statt Maximierung konsequent einen authentischen Weg zu gehen und meine Kernkompetenz – die Liebe zu einem romantischen, mediterran inspirierten Setting – zu leben. Erreicht wurde dies, indem ich verstärkt auf kleine Tischeinheiten gesetzt und meine wöchentlichen Dinnerabende von drei auf zwei reduziert habe. Durch diesen – allerdings arbeitsmäßig nur scheinbaren – Rückbau wurde sowohl eine Konzentration auf das mir Wesentliche als auch ein entscheidend stimmigerer Level in Küche, Ambiente und Atmosphäre erzielt. Die große Inspiration für die Umsetzung dieser Ideen erfolgte durch meine Reisen, die ich endlich wiederaufnehmen konnte und von denen ich frischen Schwung und neues Lebensgefühl nicht nur in meine Küche mitnahm.

Kreativität Mit diesem Buch, das Sie nun in Händen halten, habe ich einen weiteren Schritt gewagt, wie es offenbar zu einer »Pionierin« (als solche werde ich ja immer wieder im Zusammenhang mit meinem heute bereits sieben Jahre alten, kleinen Gastronomieprojekt bezeichnet) zu gehören scheint. Mit »Destination Lebensfreude« zelebriere ich meine kreative Freiheit in Geschichten, Bildern und Rezepten, aber vor allem auch die Freude daran, dass diese Mischung offenbar so vielen Gästen großen Genuss bereitet. Für diese Wärme und Unterstützung empfinde ich große Dankbarkeit. Ebensolche hege ich für die Freundschaft und die einfühlsame Begleitung von Mag. Jürgen Ehrmann, der mit diesem Projekt auch seinen eigenen Traum zu leben begonnen hat: das Label »Edition Esspapier«, eine Werk- und Denkstatt für Menschen, die verlagsunabhängig Bücher für ihre Fangemeinde produzieren lassen möchten.

Ich wünsche Ihnen mit diesem Buch viel Freude und Inspiration auf dem Weg zu Ihrer persönlichen »Destination Lebensfreude«!

Herzlich, Ihre

im Oktober 2014

HINWEIS zu den Rezepten: Auch hier habe ich diesmal einen etwas anderen Zugang gewählt. Die Rezepte beziehen sich jeweils auf acht Portionen. Dies erscheint mir ideal, um ein geschmacklich und mengenmäßig ausgewogenes Ergebnis zu erzielen. In unserem zeitlich oft so eng strukturierten Leben – und vorhandener moderner Kühltechnik – empfinde ich es als erstrebenswert, Zeit und Energie zu nützen, um auch am nächsten Tag nicht auf industriell produzierte Speisen zurückgreifen zu müssen. Und immerhin: Acht Personen um eine mediterrane Tavola bedeuten Lebensfreude pur!

Aufbruch

Das Geheimnis der Freiheit ist der Mut.

Perikles

Nostalgia

Gewidmet Ingrid und Erwin Pabst aus Stuttgart. Sie gelten für mich als »Taufpaten« dieses Buches – ohne ihren steten Zuspruch und ihre euphorische Liebe zu den die Dinners »untermalenden« Texten und Fotos wäre dieses Buch vielleicht nicht entstanden.

Elf lange Jahre war ich nicht mehr dort, als ich im Mai 2011 endlich wieder in jene Landschaft aufbrach, die für mich die Essenz dessen darstellt, was ich an Italien so sehr liebe, und die tiefe Spuren in meiner Seele und meinen Sehnsüchten hinterlassen hatte.

Rückkehr Wie oft wohl war er die Destination meiner Tagträume gewesen: der Südosten der Toskana, die Crete und das Val d'Orcia. Die Weite der lehmigen Hügel im leuchtenden Grün des Frühjahrs bis hin zu den satten Erdtönen des Herbstes, die malerischen Zypressenalleen, die zu weit verstreut gelegenen Gehöften führen, und selbstverständlich die Ansiedlungen auf den Bergkuppen, deren Wurzeln oft bis in etruskische Zeit zurückreichen. Sie alle mit ihren zauberhaften Details und zahllosen kleinen Weltwundern zu entdecken, würde wahrscheinlich mehrere Leben in Anspruch nehmen.

In ein Land, das man zu kennen glaubt, zurückzukommen, ist wie einem lieb gewonnenen Menschen nach langer Zeit wiederzubegegnen. Man malt sich aus, wie es sein wird, man kann es kaum erwarten. Und doch ist da auch die unterschwellige Angst, dass die Erinnerung das Bild schöngefärbt haben mag. Aus diesem Gefühl heraus habe ich die Anreise bewusst hinausgezögert und auch ganz anders und individuell gestaltet: quasi eine Dramaturgie der Annäherung.

Entschleunigung Ich überquerte die Grenze nach Italien nicht im Kanaltal, sondern zwischen engen Kurven am Plöckenpass in den Karnischen Alpen. Davor hatte ich mich, im »köstlichsten Eck Kärntens«, an Sissy und Stefanie Sonnleitners Alpen-Adria-Küche und an der anheimelnden Gastfreundschaft ihrer »Genusswerkstatt« erfreut. Ich machte Station in der Poebene, wanderte auf den Spuren Verdis und kurvte dann auf wunderbar entschleunigte Weise, weitab der »Autostrada del Sole«, über den Apennin: von Modena via Abetone nach Pistoia. Blendete in Pisa – angesichts des Platzes der Wunder – den touristischen Wahnsinn aus, wanderte auf der Mauer einmal rund um Lucca und hing auf der Straße über dem Monte Albano schönen Erinnerungen nach. Ließ Vinci, wo Leonardos Geburtshaus eben restauriert wird, hinter mir und freute mich, in der Ferne die markanten Geschlechtertürme von San Gimignano zu sehen. Ich schwang mich ins Chianti hinüber, es war Sonntag, und an der berühmten Strada Chiantigiana standen Menschen mit Fahnen und Fotoapparaten bewaffnet. Ich war unversehens mitten in eine Oldtimerrallye geraten! Dem fröhlichen Hupen auf noch engeren Kurven schließlich entkommen, öffnete sich, endlich, in Monteaperti – nomen est omen – der Blick in Richtung der Cretehügel.

Ankunft Ich war von einer unglaublichen Euphorie erfasst. Es war früher Abend mit diesem besonderen, warmen Licht. Die Hügel waren, ja, sie waren noch immer tiefgrün, so wie ich es in meinen lebendigsten Erinnerungen an den toskanischen Frühling bewahrt hatte. Aber diesmal waren sie auch schon – immerhin war es Mai und nicht mehr April – mit dem leuchtenden Rot des Mohns und dem Gelb des Ginsters durchsetzt. Das Silber der Olivenbäume schimmerte im Gegenlicht der tief stehenden Sonne. Dann tauchte am Horizont die markante Silhouette Pienzas und dahinter der unverkennbare Monte Amiata auf.

Es waren noch ein paar Kilometer bis dahin, aber ich wusste schon intuitiv, dass es ein Platz sein würde, an dem ich glücklich bin. Ein neuer Ort für eine alte Liebe. Ich war angekommen.

Nostalgia
Das Dinner

Torta Salata di Ricotta
mit Oliven und Basilikum

Tom & Cherry
Fischfilet im Pergament

Semifreddo al Balsamico
mit Cantuccini della Casa

Torta Salata di Ricotta

mit Oliven und Basilikum

Zur mediterranen Fülle par excellence nach Anna Del Conte gesellt sich hier als Hülle mein seit Jahren gehütetes Rezept, von dem ich nicht mehr abweiche, wenn es um salzigen Mürbeteig geht.

Für 1 Tarte mit 24 cm Durchmesser

Mürbeteig

150 g Universalmehl
60 g kalte Butter in Würfeln
70 g Crème fraîche
Salz, frisch gemahlener schwarzer Pfeffer
ca. 2 EL Eiswasser

Mehl zum Verarbeiten
1 Eiweiß zum »Versiegeln«

Füllung

450 g Ricotta
30 g Parmesan oder Grana Padano, frisch gerieben
ca. 20 g Basilikum, grob geschnitten
(am besten die Küchenschere verwenden)
80 g schwarze Oliven, entkernt, gehackt
30 ml Olivenöl extra vergine
1 ganzes Ei
1 Eigelb
frisch gemahlener Pfeffer
eventuell Meersalz

Alle Zutaten für den Mürbeteig mit kalten Händen oder in der Küchenmaschine rasch verkneten. Den Teig ausrollen und gleichmäßig in eine gefettete und bemehlte Tortenform drücken, dabei einen Rand von circa 2 cm hochziehen. Mithilfe einer Gabel den Rand gut andrücken, den Teigboden mehrmals einstechen und die befüllte Form ½ Stunde in den Kühlschrank stellen.

Erst dann im vorgeheizten Backofen (160 Grad Ober-/Unterhitze) vorbacken, bis sich der Teig trocken anfühlt und leicht gebräunt ist. Noch heiß gleichmäßig mit dem Eiweiß bepinseln (das verhindert nachher das Durchfeuchten) und auskühlen lassen. Den Backofen vorheizen (180 Grad Ober-/Unterhitze).

Alle Zutaten für die Füllung gut vermischen und auf dem Mürbeteig verteilen. Fertig backen (circa 30 Minuten), bis die Füllung gestockt und goldbraun ist.

Diese salzige Torte schmeckt am besten frisch gebacken und lauwarm oder bei Zimmertemperatur serviert. Sie lässt sich auch zu vielen Salaten und Antipastigemüse kombinieren.

Sie können aus den gleichen Zutaten auch 12 Tartelettes (à circa 6,5 cm Durchmesser/Teigkreise à 9 cm) herstellen, die sich perfekt als Fingerfood eignen.

HINWEIS

Den wie oben vorbereiteten Mürbeteig kann man auch mit jeder Art von blanchiertem Gemüse belegen und mit einem Guss aus 250 ml Schlagobers *(Schlagsahne)* und 2 Eiern sowie Gewürzen oder Kräutern nach Wunsch backen.

Tom & Cherry

Fischfilet im Pergament

Ein sommerliches Wortspielrezept, das ich 2011 entwickelt habe – eine der vielen Varianten im Pergamentpäckchen, das in meinem Lokal nicht aus der Mode gekommen ist. Es wird immer geliebt, egal ob mit Lachs, Branzino oder Bergforelle. Die Würzung mit Pep macht es aus!

8 Fischportionen à ca. 70 g,
sorgfältig entgrätet, mit Haut

200 g helle Kirschen, entsteint, geviertelt
200 g Datteltomaten, entkernt,
in Streifen geschnitten
100 g getrocknete Tomaten,
in Streifen geschnitten
1 Selleriestange, fein gewürfelt
fein abgeriebene Schale von ½ Biozitrone
1–2 rote Chilis, entkernt, feinst gewürfelt
1 TL Kirsch- oder Sauerkirschlikör
(oder Sauerkirschkernöl)
4 EL Gewürzöl *(siehe Seite 59)*
1 TL selbst hergestellte mediterrane Gewürzmischung
(Rosmarin, Thymian, Koriander, Piment d'Espelette,
Piment) oder Herbes de Provence
Meersalz, frisch gemahlener schwarzer Pfeffer

8 kleine Thymianzweige

8 Bögen Pergamentpapier
8 x 60 cm Bratenschnur aus Naturfaser

Alle Zutaten (außer Fisch und Thymianzweige) vorsichtig vermengen, abschmecken und einige Stunden im Kühlschrank ziehen lassen (am besten am Vortag zubereiten).

Den Backofen vorheizen (180 Grad Umluft).

Das Backpapier einzeln auflegen. Auf jeden Bogen in die Mitte eine Fischportion betten (Hautseite nach unten). Darauf die Tomaten-Kirschen-Mischung verteilen, mit einem Thymianzweiglein dekorieren und mit etwas von dem sich abgesetzten Würzsaft beträufeln.

Jeden Bogen dicht zusammenfalten und mit der Bratenschnur fixieren. Die Päckchen 10 bis 12 Minuten backen, sofort servieren und erst bei Tisch öffnen. Gutes Brot dazu reichen.

Semifreddo al Balsamico

mit Cantuccini della Casa

Dieses Semifreddo-Rezept ist ein schon lange von mir gehütetes. Servieren Sie es mit frischen Himbeeren, die Sie vorsichtig mit ein paar Tropfen bestem Balsamico befüllen. Zusammen mit den knusprigen Cantuccini sowohl ein geschmacklicher als auch optischer Genuss!

Semifreddo

4 Eigelb *(Eiweiß eventuell für Amarettikekse verwenden, siehe Seite 172)*
40 g Feinkristallzucker
30 g brauner Rohrzucker
2 TL zehnjähriger Balsamico
2 EL Marillenkern- oder Mandelöl
250 ml Schlagobers *(Schlagsahne)*

8 Timbalförmchen à 150 ml
Staub- bzw. Puderzucker zum Bestreuen

Cantuccini della Casa

(für ca. 60 Stück)
115 g zimmerwarme Butter
200 g Staub- bzw. Puderzucker
1 EL Orangenzucker *(siehe Seite 59)*
2 große Eier
1 EL Amarettolikör
1 TL Zimtpulver
150 g Universalmehl
150 g Weizenmehl, griffig
8 g Backpulver
½ TL Speisenatron
400 g Mandeln, getoastet, grob gehackt

Für das Semifreddo die Eigelbe, beide Zuckersorten, den Balsamico und das Öl über Dampf unter ständigem Rühren zu einer dicken, gebundenen Creme abziehen. Nicht über den Siedepunkt erhitzen.

Schlagobers steif schlagen und unter die abgekühlte Creme heben. Die Masse auf die Timbalförmchen aufteilen und für mindestens 6 Stunden in den Tiefkühler stellen. Zum Servieren kurz in heißes Wasser tauchen und stürzen.

Für die Cantuccini die Butter, beide Zuckersorten, die Eier, den Likör und das Zimtpulver zu einem glatten Abtrieb rühren. Die beiden Mehlsorten und das Backpulver in den Abtrieb sieben, die Mandeln hinzufügen und gut vermischen. Daraus 4 Wecken formen und in gleichen Abständen auf ein mit Backpapier ausgelegtes Blech legen.

Im vorgeheizten Backofen (160 Grad Umluft) 20 bis 25 Minuten backen, bis sich die Wecken trocken anfühlen. Kurz abkühlen lassen und mit einem scharfen Messer in circa 1 ½ cm breite Cantuccini schneiden.

Diese mit der schmalen Seite nach unten und mit etwas Abstand auf dem Backpapier anordnen und wieder in den Ofen schieben. Nun weitere 10 bis 15 Minuten (160 Grad Umluft) goldbraun backen. Mit Staubzucker bestreuen und ausgekühlt in eine Blechdose schichten.

HINWEIS

Den Cantuccini können Sie noch zusätzlich mit orientalischen Gewürzen den entsprechenden Twist verleihen. Ich etwa füge dem Teig 1 EL einer Mischung aus gemörserten Zimt-, Hibiskus-, Rosen-, Berberitzen-, Lavendelblüten, rosa Pfeffer, Anis und Kardamom bei.

Genuss-werkstatt

Gewidmet Ausnahmeköchin Sissy Sonnleitner, der Grande Dame der Alpe-Adria-Küche. Es ist eine große Ehre und tiefe Freude für mich, sie zur Freundin zu haben.

Im strömenden Regen fuhr ich in Villach-Hauptbahnhof meinen Wagen von der »Auto im Reisezug«-Plattform. In den paar Sekunden, die ich noch benötigte, um meinen guten alten Gefährten auf vier Pfoten ins Auto zu hieven, waren wir beide klatschnass. Umso glücklicher war ich, dass ich diese erste Etappe quer durch Österreich nicht auf der Autobahn hatte zubringen müssen. Nun waren es nur noch 80 Kilometer in das mir inzwischen sehr vertraute Kötschach-Mauthen.

Nachhausekommen Es war der Beginn meiner zweiten großen Italienfahrt, aber bereits mein vierter Besuch im Hause Sonnleitner. Im Sonnenschein war die Fahrt durch das landschaftlich sehr reizvolle Gailtal immer eine wahre Offenbarung gewesen. Doch an jenem Sonntag, nach der Fahrt durch den starken Regen und die tief nebelverhangene Landschaft, fühlte es sich mehr denn je wie ein »Nachhausekommen« an. Es war schon früher Nachmittag – und die Doyenne des Hauses, Sissy, nach dem Mittagsservice bereits mit einem Kochkurs beschäftigt. Aber Stefanie, die Älteste von vier Töchtern, die ihre Mutter seit einigen Jahren kongenial unterstützt, deckte trotzdem ohne viel Aufhebens noch extra für mich in dem gemütlichen Speiseraum ein. Und natürlich hatte sie auch nicht vergessen, wo sich mein Lieblingsplatz befindet – in der grün getäfelten Kärntner Sitzecke mit der gemütlichen Eckbank, gleich neben dem offenen Kamin und dem Blick in den Garten. Wie schön war es hier zu Weihnachten gewesen, als das Feuer allabendlich loderte.

Seelenstreichler Kaum dass ich mich in der wohligen Atmosphäre zu entspannen begann (und sich auch Gino genüsslich unter dem Tisch zusammenrollte), hatte ich auch schon eine dampfende Portion flaumiger Gnocchi in nach Sommer duftendem Tomatensugo vor mir stehen. Der perfekte Seelenstreichler! Und wieder musste Stefanie – was sie lachend quittierte – Brot nachbringen, denn nach Sissys frisch gebackenen und täglich wechselnden Brotspezialitäten bin ich richtiggehend süchtig. Diesmal war es ein mit den ersten Wildkräutern des Jahres gewürztes buttriges Gebäck. Das feine Essen und das passende Glas Wein, das ich selbstredend immer Stefanie auswählen lasse – denn auf diese Weise habe ich schon so manche vinophile Kostbarkeit entdeckt! –, machten mich angenehm schläfrig, aber die empfohlene Zitronen-Punschroulade musste doch einfach noch sein. Und trotzdem freute ich mich bereits auf das mehrgängige Dinner am

Abend! In diesem Haus heißt es »Gesegnete Mahlzeit!« – und das trifft es auf den Punkt.

Speisekammer Oberkärnten Als ich in den Neunzigerjahren begonnen hatte, mich mit Kulinarik im Allgemeinen und der aufblühenden Restaurantszene im Speziellen zu befassen, gab es da immer schon einen Namen, einen Genussort, für den ich besondere Sympathie hegte: das »Landhaus Kellerwand« in Mauthen und vor allem seine Protagonistin Sissy Sonnleitner, Köchin des Jahres 1990. Sie hat es mit einer bodenständigen, aber sehr subtilen, von ihrer besonderen Persönlichkeit getragenen Küche geschafft, an einem landschaftlich einmaligen – aber immerhin von allen Hauptrouten sehr abgelegenen – Ort zu reüssieren und einen wahren »Sehnsuchtsort für Genießer« zu schaffen. Wahrlich kein leichtes Unterfangen, dafür umso bewundernswerter. Und statt sich nach Jahrzehnten harter Arbeit endlich etwas zurückzulehnen, hat sie in den vergangenen Jahren gemeinsam mit Stefanie ein neues, den Zeichen der Zeit verpflichtetes Konzept erarbeitet. In diesem haben die Nachhaltigkeit, das Nützen der Ressourcen der Region und das Genießen ohne schlechtes Gewissen einen hohen Stellenwert. »Wir hier in Oberkärnten haben den reichsten Warenkorb von allen, denn hier treffen alpine mit mediterranen Schätzen zusammen!«, pflegt sie zu sagen. Das Aushängeschild dafür ist die brandneue »Genusswerkstatt«, in der laufend – neben dem Restaurant- und Hotelbetrieb – Kochseminare mit wechselnden Themen stattfinden.

Sissy Sonnleitner ist für mich eine der allerbesten Köchinnen und natürlich ein Vorbild. Und dass sie mir, der Quereinsteigerin, so herzlich auf Augenhöhe und mit großer Aufgeschlossenheit begegnete, war und bleibt für mich eine der Sternstunden meiner »zweiten Karriere«.

Nur ein paar Meter sind es vom »Landhaus Kellerwand«, vorbei an Mauthens schöner Kirche, und man befindet sich bereits an der Auffahrt zum steilen Plöckenpass, einem der landschaftlich schönsten Übergänge nach Italien. Und wieder schwang ich mich im gleißenden Licht des frühen Morgens über diese spektakulären Kurven in Richtung Friaul und nahm herzerwärmende Erinnerungen an kulinarische sowie menschliche Glücksmomente mit. Und hatte auch einen triftigen Grund, mich auf die Rückfahrt zu freuen: auf eine neuerliche Einkehr an meinem Lieblingsstützpunkt, einem Pfeiler der Freundschaft auf dem Weg nach und von Italien.

Genusswerkstatt

Das Dinner

Forellenleberterrine
mit spicy Safranbirne

Kartoffelweckerln
mit Anis

Malfatti
di Spinaci e Ricotta
mit Zitronen-Salbei-Butter

Auflauf vom
Gailtaler Landmais
im Portionsglas

Forellenleberterrine

mit spicy Safranbirne

Sissy Sonnleitner hat mir vor Augen geführt, wie wegweisend nachhaltig die Verwendung von Süßwasserfisch aus lokaler Fischerei ist. Nun bekomme ich nicht nur die Schwarzauer Bergforelle aus den Voralpen geliefert, sondern oft auch ihre Leber, die mich zu diesem Gericht inspiriert hat.

Terrine

350 g Forellenleber (oder jede andere feine Leber), küchenfertig
2 EL Marsala, Madeira oder Portwein
250 ml Schlagobers *(Schlagsahne)*
2 große Eier
1 Msp. Chilizucker *(siehe Seite 59)*
Meersalz, frisch gemahlener schwarzer Pfeffer

8 ofenfeste Gläser mit Deckel à 300 ml
eventuell 1 EL Schnittlauchröllchen

Safranbirne (Vorrat)

1 kg reife Birnen, geschält, entkernt, grob geschnitten
500 g Feinkristallzucker
1 EL Chilizucker *(siehe Seite 59)*
1 Prise Piment d'Espelette
1 Briefchen Safranfäden, gemörsert
1 Päckchen Gelierhilfe 2 : 1

Für die Terrine den Backofen vorheizen (110 Grad Umluft, wenn möglich 50 % Dampf).

Die Leber kurz im Süßwein ziehen lassen, dann mit allen anderen Zutaten (außer Salz) fein cuttern. Erst dann mit Salz abschmecken, die Masse auf die Gläser aufteilen, verschließen und im Backofen in einer 2 cm hoch mit Wasser befüllten Wanne circa 15 Minuten stocken lassen. Auskühlen lassen und mindestens 1 Stunde in den Kühlschrank stellen.

Vor dem Servieren die Deckel der Gläser entfernen und jede Portion mit einer Schicht spicy Safranbirne (siehe unten) abschließen und eventuell mit Schnittlauchröllchen dekorieren.

Für die Safranbirne alle Zutaten bis auf die Gelierhilfe langsam aufkochen und, sobald sich der Zucker aufgelöst hat, mit dem Pürierstab fein zerkleinern. Gelierhilfe nach Gebrauchsanweisung beifügen, alles nochmals 5 Minuten köcheln lassen und heiß in die Gläser füllen. Passt auch gut zu Blauschimmelkäse!

HINWEIS

Da Forellenleber oft schwer zu bekommen ist, können Sie diese zum Beispiel durch Hühner- oder Kalbsleber ersetzen. Diese sollten Sie jedoch vor der Verwendung parieren *(Sehnen entfernen)* und eventuell durch ein Sieb mit grober Körnung passieren.

Kartoffelweckerln mit Anis

Eine meiner liebsten Gebäcksorten, die ich aus Mauthen mitgebracht und inzwischen schon unzählige Male selbst gebacken habe. Die Weckerln sind universell einsetzbar, vor allem mit Antipasti gut zu kombinieren – und auch im Tiefkühler habe ich oft einen Vorrat davon.

für ca. 30 kleine Weckerln *(Brötchen)*

30 g frische Germ *(Hefe)*
60 g Feinkristallzucker
400 g mehligkochende Kartoffeln, geschält, gekocht, passiert
500 g Weizenmehl, griffig
60 g weiche Butter, in kleinen Würfeln
Meersalz, frisch gemahlener schwarzer Pfeffer
300 ml lauwarmes Wasser

1 Ei und etwas Milch zum Bestreichen
2 EL Anis zum Bestreuen

Die Germ im Zucker komplett auflösen.

In einer Rührschüssel (am besten die Küchenmaschine verwenden) Kartoffeln, Mehl, Butter sowie die aufgelöste Germ gut vermengen und mit Salz und Pfeffer würzen. Das lauwarme Wasser zugießen, alles zu einem glatten Teig verkneten und zugedeckt circa 15 Minuten gehen lassen. Dann nochmals durchkneten und wieder circa 15 Minuten Volumen annehmen lassen.

Den Backofen vorheizen (200 Grad Ober-/Unterhitze).

Mithilfe eines Esslöffels Teigstücke abstechen, auf der Arbeitsfläche zu gleich großen Weckerln formen und auf 2 mit Backpapier ausgelegte Backbleche setzen. Das Ei mit der Milch verquirlen und die Weckerln damit bestreichen. Mit Anis bestreuen und etwa 20 Minuten goldbraun backen.

Die Kartoffelweckerln schmecken am besten frisch, ansonsten sofort nach dem Auskühlen einfrieren und vor Gebrauch bei 80 Grad Umluft aufbacken.

Malfatti di Spinaci e Ricotta
mit Zitronen-Salbei-Butter

Malfatti heißt „schlecht gemacht", weil diese Gnocchi aufgrund des Spinats oft unregelmäßig ausfallen. Solange sie jedoch nicht zerfallen, sind sie an Flaumigkeit kaum zu übertreffen.

Malfatti

1 kg Blattspinat, blanchiert und sehr gut ausgedrückt, fein gehackt
500 g Ricotta
2 Eier
100 g Parmesan, frisch gerieben
250 g Universalmehl
Meersalz, frisch gemahlener schwarzer Pfeffer
1 Msp. Muskatnuss, frisch gerieben

etwas Mehl zum Formen

Zitronen-Salbei-Butter

125 g Butter
100 ml Olivenöl extra vergine
1 Handvoll Salbeiblätter, mit der Küchenschere in feine Streifen geschnitten
fein abgeriebene Schale und Saft von ½ Biozitrone
Meersalz, frisch gemahlener schwarzer Pfeffer

100 g Parmesan, frisch gerieben

Für die Malfatti alle Zutaten sehr gründlich miteinander vermischen. Etwa 40 Gnocchi mit einem Rohgewicht von circa 35 g formen, dabei darauf achten, dass jeder einzelne von einer dünnen Mehlschicht eingehüllt wird. In leicht siedendes Salzwasser einlegen und ziehen lassen, bis sie an die Oberfläche steigen. Sofort in einem tiefen Backblech in eiskaltem Wasser auslegen.

Die Butter in einer Kasserolle schmelzen, mit den restlichen Zutaten vermischen und einige Minuten köcheln lassen. Die erwärmten (abgedeckt im Backofen bei 130 Grad Umluft oder Kombidämpfer bei 110 Grad mit 50 % Dampf) Gnocchi anrichten, mit der Zitronen-Salbei-Butter übergießen und mit dem Parmesan bestreuen.

Auflauf vom Gailtaler Landmais

im Portionsglas

Der weiße Gailtaler Landmais ist eine neu kultivierte alte Polentasorte, um deren Verwendung und Vermarktung sich Sissy Sonnleitner besonders annimmt. Eine ihrer Spezialitäten ist ein süßer »Schmarrn«. Auf Basis ihres Rezeptes habe ich diese Variante im Portionsglas entwickelt.

250 ml Milch
50 g Butter
1 TL Vanillezucker
1 TL Orangenzucker *(siehe Seite 59)*
50 g Landmais *(oder eine andere feine Polentasorte)*
1 ganzes Ei
3 große Eier, getrennt
2 EL Feinkristallzucker
2 Prisen Salz

ca. 400 g Kompott *(z. B. Äpfel, Birnen, Marillen …)* oder frische Früchte *(z. B. Beeren …)* nach Belieben

8 ofenfeste Gläser à 300 ml *(eventuell mit Schraubdeckel)*
Staub- bzw. Puderzucker zum Bestreuen

Die Milch mit der Butter, dem Vanille- und Orangenzucker sowie einer Prise Salz aufkochen. Unter kräftigem Rühren den Landmais (Polenta) einrieseln lassen und so lange köcheln, bis eine dicke Masse entstanden ist. Abkühlen lassen.

Den Backofen vorheizen (200 Grad Ober-/Unterhitze).

Mit einem Schneebesen das ganze Ei sowie die Eigelbe glatt in die Polentamasse rühren. Die Eiweiße mit einer Prise Salz aufschlagen, den Kristallzucker nach und nach beifügen, zu einem sehr festen Schnee schlagen und unterheben.

Das Kompott oder die frischen Früchte auf die Gläser verteilen. Die fertige Polenta-Ei-Masse mithilfe eines Trichters darübersetzen und darauf achten, dass die Gläser nur zu etwa ⅔ befüllt werden. Die Gläser in den Ofen stellen und circa 15 Minuten backen, bis die Masse wie ein Soufflé aufgegangen und goldbraun ist.

Die Portionsaufläufe mit Staubzucker bestreuen und servieren.

HINWEIS

Wenn Sie sofort nach Fertigstellung *(noch im Backofen)* die Deckel auf die Gläser setzen und draufschrauben *(Küchenhandschuhe verwenden!)*, fällt der Auflauf durch das sich bildende Vakuum nicht so stark zusammen. Außerdem konservieren Sie ihn auf diese Weise und können ihn gut gekühlt bis zu 1 Woche aufbewahren. Denn der Polentaauflauf schmeckt auch bei Zimmertemperatur und ist so ein schnell verfügbares Frühstück oder kleines Zwischengericht.

Schlüssel-erlebnis

Anna Del Conte ist die Schirmherrin meines Buchprojekts. Das Kapitel über sie widme ich daher meiner lieben Kollegin und Freundin Petra Braun-Lichter, deutsche Vizekochmeisterin und Inhaberin eines Gourmet-Caterings in der Nähe von Nürnberg. Sie hat dankenswerterweise alle Rezepte aus diesem Buch nachgekocht und kann wohl am besten nachvollziehen, warum ich jene von Anna so überaus schätze.

Anna und ich standen an diesem Samstagmittag im lichtdurchfluteten Londoner Atelier ihrer Freundin, der auf mediterrane Stillleben spezialisierten Künstlerin Val Archer. Ich hatte Val meine Fotokamera in die Hand gedrückt, in der Hoffnung, dieses bewegende Treffen – wir hatten nur wenige Stunden, denn ich sollte am gleichen Abend wieder zurückfliegen – in einigen Bildern festhalten zu können. Spontan zeigte ich auf den alten Schlüssel in dem noch unfertigen Bild auf der Staffelei hinter uns und meinte augenzwinkernd zu Anna gewandt, dass sie eben genau das für mich sei: der Schlüssel zur italienischen Küche. Und Anna lachte so herzlich und ihre Augen spiegelten eine Wärme und Freude, die mir für immer unvergesslich bleiben werden.

Über zwanzig Jahre war meine Liebe zu den italienischen Regionalküchen – jede für sich eine ganz eigene Welt – bereits alt, als ich durch einen Querverweis in Yotam Ottolenghis erstem Buch auf den Namen Anna Del Conte stieß. Ich wurde neugierig und bestellte mir zuerst ihr »Best of«-Kochbuch sowie ihre Biografie »Risotto with Nettles«. Diese beinahe ein Jahrhundert umfassende, zwei so divergierende Kulturen berührende und humorvoll geschriebene Lebensgeschichte hat mich während meines Toskana-Aufenthalts 2012 in ihren Bann gezogen. Noch bevor ich nach und nach Annas weitere – teilweise nur noch antiquarisch erhältliche – Werke orderte, wusste ich bereits intuitiv, dass ich eine für meinen weiteren Weg ganz entscheidende Entdeckung gemacht hatte.

Kindheit in Mailand Anna Del Conte wurde 1925 in Mailand in eine großbürgerliche Familie hineingeboren. Eine Familie, für die der regelmäßige Besuch der »Scala« und die persönliche Bekanntschaft mit Toscanini quasi zum guten Ton gehörten. Die Beschreibung ihrer Kindheit im Mailand der Zwischenkriegszeit ist an nostalgischer Italianità kaum zu überbieten, wobei Annas schönste Erinnerungen mit den Einkäufen an der Hand der Mutter, den kulinarischen Festen und vor allem den Kreationen der heiß geliebten, aus dem Friaul stammenden Köchin der Familie in Zusammenhang stehen.

Die Kriegsjahre verbrachte Anna unter teils dramatischen Umständen in der Emilia. Ausgebombt und verarmt versuchte ihre Familie nach dem Krieg einen Neubeginn in Mailand. Als Anna 1949 eine Stelle als Au-pair in London annahm, lernte sie ihren späteren Ehemann, den Oxford-Absolventen für englische Literatur, Oliver Waley, kennen. Mit ihrer Heirat war vorgezeichnet, dass sie in London bleiben würde, wo sie dann auch ihre drei Kinder zur Welt brachte. Trotz Familienglück litt sie unter ihrer Entwurzelung als Italienerin. Vor allem machte ihr zusehends die Tatsache zu schaffen, in einer »kulinarischen Wüste« angekommen zu sein. Im England der Nachkriegszeit gab es so gut wie keine freudvolle Küchenkultur, kaum ein befriedigendes Angebot an Lebensmitteln am Markt, vor allem wenig frisches Gemüse, geschweige denn die aus Italien gewohnte Vielfalt.

Inspirationsquelle Anna begann nun jedoch, sich selbst zu verwirklichen, indem sie – zuerst unter Freunden, dann auf immer professionellere Weise – Aufklärungsarbeit in Sachen italienischer Küchenkultur leistete. Mit ihrem ersten und überaus erfolgreichen Buch »Portrait of Pasta« (1976) begeisterte sie bereits ein großes englischsprachiges Publikum für die Küche und Lebenskultur ihrer Heimat. Viele weitere Bücher folgten, darunter »Gastronomy of Italy«, das auch die historischen Wurzeln der italienischen Küchen beschreibt – und das sic übrigens erst vor Kurzem neu überarbeitete.

Ihr Credo, das sich durch all ihre vielen Bücher zieht, könnte aktueller nicht sein: »Simplicity is the key, as well as good ingredients.« Saisonalität? Regionalität? Diese so modern klingenden Forderungen formuliert Anna in ihren Werken jedenfalls schon seit Jahrzehnten. Ihre warmherzige Persönlichkeit, die sich auch durch eine einzigartige Mischung aus Italianità und englischem Humor auszeichnet, schimmert durch all ihre ausführlichen und präzise recherchierten Texte und Rezepte, die stets in einen geografischen und historischen Kontext gestellt sind. Anna erreichte zwar nie jene hohen Popularitätswerte wie ihre späteren Kolleginnen, die ihre eigenen TV-Shows hatten, doch genau diese – wie etwa Delia Smith oder Nigella Lawson – bezeichnen sie heute noch als eine ihrer wichtigsten Inspirationsquellen. Anna Del Conte darf jedenfalls mit Fug und Recht als die Doyenne der italienischen Küche in Großbritannien – und weit darüber hinaus – bezeichnet werden.

Irgendwann keimte in mir das Verlangen auf, Anna zu schreiben, wie viel mir ihre Bücher bedeuten. Ob das wohl (noch) möglich sei? Ich formulierte einen ausführlichen Brief und bat den Verlag, ihn an sie weiterzuleiten. Es verging nur eine Woche, und ich traute meinen Augen kaum, als eine E-Mail mit dem Absender »Anna Del Conte Waley« in meiner Mailbox landete. Seit damals – im November 2012 – schreiben wir einander regelmäßig, und ich bin immer wieder erstaunt und bewegt über ihre Vitalität und ihren Esprit.

Treffen im Herbst Dann trafen wir uns Ende Oktober 2013 tatsächlich in London – und es war, als wenn wir einander schon seit Jahrzehnten gekannt hätten. So viel hatten wir zu erzählen, dass wir beinahe im Duett redeten. Wir gingen in Soho fein essen und genossen es, gemeinsam die servierten Gerichte zu zelebrieren – und zu analysieren. Als wir schweren Herzens voneinander Abschied nahmen, war abgemacht, dass sie das Vorwort zu diesem Buch schreiben würde. Und dass wir uns hoffentlich – vielleicht ja in Italien – wiedersehen würden!

Durch Anna Del Conte habe ich ein Maß an Inspiration, zusätzlichem Wissen und an »Rückenwind« für meinen persönlichen Weg gefunden, dessen fachliche und menschliche Dimension einem unschätzbaren Schlüsselerlebnis gleichkommt. Und unsere Begegnung einer Sternstunde.

Carissima Maestra Anna, grazie infinite di cuore!

and Artichokes
The Best of
Anna Del Conte
DELIA SMITH

LA BOZZE

Schlüssel-
erlebnis
Das Dinner

Salat vom Oktopus

mit Puntarelle und Knusperbröseln

Pasta al Gratin

mit Lachs, Kirschtomaten
und Basilikum

Torta di Ricotta

all'Anna

Salat vom Oktopus
mit Puntarelle und Knusperbröseln

Das ist meine Interpretation des Gerichts, das Anna und ich am 26. Oktober 2013 im Restaurant »Quo Vadis« in London-Soho gegessen, analysiert und geliebt haben.

1 küchenfertiger Oktopus *(Pulpo)*, ca. 1,2 kg
300 ml Olivenöl extra vergine
1 TL rote Chilis, fein geschnitten
einige kleine Rosmarinzweige
3 Lorbeerblätter
Zesten und Saft von 1 Biozitrone
3 Knoblauchzehen
Meersalz, frisch gemahlener schwarzer Pfeffer

ca. 1 ½ kg Puntarelle
(eine mediterrane Chicoréeart)
2 EL Olivenöl extra vergine
Meersalz, frisch gemahlener schwarzer Pfeffer

1 Anchovisfilet
2 EL Olivenöl extra vergine
ca. 100 g gutes Weißbrot in groben Böseln
Meersalz, frisch gemahlener schwarzer Pfeffer

HINWEIS

Puntarelle sind ein süditalienisches Wintergemüse, das es nicht oft in Mitteleuropa zu kaufen gibt. Lassen Sie sich einfach vom jeweiligen Marktangebot an edelbitterem Gemüse inspirieren und entwickeln Sie Ihre eigene Lieblingsvariante dieses Gerichts aus den Schätzen von Meer und Land!

Den Oktopus mit kaltem Wasser bedeckt einmal aufkochen lassen und abgießen. In einem passenden Schmortopf mit Deckel das Olivenöl mit den Lorbeerblättern, dem Chili und den Rosmarinzweigen mischen und den blanchierten Oktopus hineinlegen. Im vorgeheizten Backofen (180 Grad Ober-/Unterhitze) 1 ¼ Stunden schmoren, währenddessen zweimal wenden. Im ausgeschalteten Ofen noch 10 Minuten nachziehen lassen und leicht abgekühlt in Ringe (Arme) und Streifen (Mittelteil) schneiden.

1 Knoblauchzehe für die Brösel beiseitelegen, die anderen fein hacken. Den Schmorsud in der gewünschten Menge mit dem Zitronensaft, dem gehackten Knoblauch sowie Salz und Pfeffer würzen und damit die Oktopusstücke einige Stunden marinieren.

Für die Puntarelle die zarten grünen Spitzen wie Spinat blanchieren und hacken. Die dickeren Stämme in Quadrate schneiden, die sich im Inneren der Staude befindlichen Knöllchen halbieren, alles mit Olivenöl benetzen, leicht salzen und im Backofen (180 Grad Umluft, Kombidämpfer mit 25 % Dampf) schmoren, bis das Gemüse schmelzend weich ist. Auskühlen lassen und mit den blanchierten grünen Teilen mischen.

Knapp vor dem Servieren die zurückbehaltene Knoblauchzehe sowie das Anchovisfilet bei kleiner Hitze im Olivenöl schmelzen. Die Brotbrösel hinzufügen, wenig salzen, viel pfeffern und langsam bräunen. Die Puntarelle- und Oktopusstückchen dekorativ auf Tellern anrichten und mit den duftenden Knusperbröseln bestreuen.

Pasta al Gratin mit Lachs, Kirschtomaten und Basilikum

Vor Jahrzehnten war Anna Del Conte die Erste, die den Engländern erklärte, wie wirklich gute Pasta zu sein hat. Hier mein bescheidener Beitrag – ein köstliches Nudelgericht aus meinem eigenen Familienrepertoire. Küche, wie sie meine Freunde lieben!

500 g dicke Hartweizenpasta *(z. B. Fusilli)*
1 EL Olivenöl extra vergine
400 g küchenfertiger Lachs,
in ca. 1 x 2 cm großen Streifen
300 g Kirschtomaten, geviertelt
20 g Basilikum, grob geschnitten
(Küchenschere verwenden!)
400 ml Schlagobers *(Schlagsahne)*
½ TL Chilizucker *(siehe Seite 59)*
120 g Parmesan oder Grana Padano, frisch gerieben
Meersalz, frisch geriebener schwarzer Pfeffer

Olivenöl zum Befetten und
Brösel zum Ausstreuen der Gratinform

Die Hartweizenpasta in kochendem Salzwasser knapp al dente kochen, in ein Sieb abgießen, kurz mit kaltem Wasser abschrecken. Sofort in einer großen Schüssel mit dem Olivenöl mischen und abkühlen lassen.

Unter die vorgekochte Pasta den Lachs, die Kirschtomaten und das Basilikum ziehen. Das Schlagobers zusammen mit dem Chilizucker steif schlagen, sparsam salzen, großzügig pfeffern und zusammen mit ⅔ des Parmesans gründlich unter die Nudelmischung heben.

In eine gefettete und ausgestreute Gratinform füllen, mit dem restlichen Parmesan bestreuen und im vorgeheizten Backofen (200 Grad Ober-/Unterhitze) circa 20 Minuten goldgelb backen.

HINWEIS

Das Geniale an dem Gericht ist, dass Sie es stressfrei 1 bis 2 Stunden vor dem Fertigbacken komplett vorbereiten können. Stellen Sie die fix und fertig befüllte Form inzwischen unbesorgt in den Kühlschrank und schieben Sie sie 25 Minuten vor dem Servieren direkt in den vorgeheizten Backofen. Gekühlt benötigt das Gratin eventuell ein paar Minuten länger zum Garen, aber das tut dem feinen Ergebnis keinerlei Abbruch.

Torta di Ricotta all'Anna

Ricottatorte, die süße Variante, das ultimative Rezept. Einfach Anna.

Für eine Tortenform mit 28 cm Durchmesser
12–16 Portionen; ich empfehle die Verwendung einer Antihaftspringform

120 g weiche Butter in kleinen Würfeln
150 g Feinkristallzucker
1 TL Vanillezucker
fein abgeriebene Schale und Saft von 1 Biozitrone
4 große Eier
6 EL Kartoffelmehl *(erhältlich im Reformhaus)*
1 Päckchen Backpulver *(16 g)*
1 Msp. Salz
1 kg Ricotta
120 g Rosinen, in Wein oder Fruchtsaft gequollen

Staub- bzw. Puderzucker zum Bestreuen

1 Bogen Backpapier zu einem Kreis von etwa 32 cm Durchmesser zugeschnitten

Butter, beide Zuckersorten sowie Zitronenschale und -saft mit dem Handmixer oder in der Küchenmaschine geduldig zu einem möglichst glatten Abtrieb rühren. Dann ein Ei nach dem anderen kräftig unterschlagen. Es ist in Ordnung, wenn noch kleine Butterflöckchen sichtbar bleiben.

Kartoffelmehl, Backpulver und Salz mischen, zum Abtrieb sieben und zusammen mit dem Ricotta und den Rosinen unterheben.

Zwischen Boden und Ring der Springform den Backpapierkreis einspannen, die Form gleichmäßig befüllen und circa 1 Stunde im vorgeheizten Backofen (180 Grad Ober-/Unterhitze) backen. Während der letzten 10 Minuten den Ofen zweimal kurz öffnen und mit einem flachen Messer sehr vorsichtig zwischen Torte und Backform entlangfahren, um den Rand zu lösen und ein zu starkes Einsinken nach dem Backen zu verhindern (Küchenhandschuhe verwenden!). Nach Ende der Backzeit (Stäbchenprobe!) den Ofen ausschalten und die Torte 10 Minuten darin abkühlen lassen. Dann erst herausnehmen, aus der Springform lösen, mit Staubzucker bestreuen und vollständig auskühlen lassen.

Schmeckt am besten frisch bei Zimmertemperatur und lässt sich auch gut mit Fruchtsoßen kombinieren.

Nein, es ist kein PR-Gag, sondern Realität: Vor Dinnerabenden beginnt mein Küchendienst tatsächlich zwischen 5 und 6 Uhr morgens. Vor allem im Winter ist es da noch stockdunkel, und mein treuer, nun schon betagter Golden Retriever Gino gibt den Morgenmuffel und rollt sich nochmals fest in seinem Körbchen ein, während für mich das flotte Stakkato anhebt. Die Arbeitsstunden können sich daher im Laufe dieses Tages – nicht selten ohne Pause – auf bis zu 18 summieren. Da hilft mir dann am Ende, so gegen Mitternacht, angesichts sehr glücklich heimwärts gezogener Gäste die große Euphorie darüber hinweg, deutlich zu spüren, dass Kochen und Gastgeben ein »Knochenjob« sind.

Vollbeschäftigung Auch »nur« zwei wöchentliche Dinnerabende bedeuten einen Fulltimejob. Am Montag beginnt es mit Einkäufen, dem Organisieren punktgenauer Lieferungen und der so wichtigen Pflege von Kontakten mit kleinen, feinen Produzenten. Der Dienstag ist dem Verarbeiten der großen wöchentlichen Gemüselieferung und den Zubereitungen von Basics vorbehalten. Zwischen den Dinners am Mittwoch und Freitag ist der Donnerstag gerade recht zum Aufräumen und Luftschöpfen. Sobald am Samstag der Geschirrspüler geleert und die Küche geputzt ist, freue ich mich auf einen Tag im Sitzen: bei Büroarbeit! Und nicht selten geht der Sonntag mit meinen Lieblingsbeschäftigungen auf: dem Kreieren von Menüs, dem Schreiben der begleitenden Texte, dem Aktualisieren der Homepage, dem Verschicken der Newsletter und so fort. Oder mit dem Verfassen ebendieses Buches!

Grundlagen Frische Zubereitung ist eine Grundvoraussetzung für genussvolle Küche. Aber eine Reihe von Basiszutaten, auf die man jederzeit zurückgreifen kann, sparen nicht nur Zeit, sondern bilden auch die Quintessenz einer besonderen Aromenvielfalt. Mit den folgenden lasse ich Sie einen Blick in so manches kleine Geheimnis in meinem Vorratskühlschrank werfen, auf die ich auch in den Rezepten Bezug nehme.

Pickles-Marinade

300 ml Weißweinessig
600 ml Wasser
200 g Feinkristallzucker
1 Sternanis
einige Kardamomkapseln
plus, je nach gewünschter Geschmacksrichtung:
Orangenzesten, Chili, Ingwer ...

Alles zum Kochen bringen und einige Minuten reduzieren lassen. Sternanis und Kardamomkapseln entfernen. In Schraubgläser abgefüllt ist diese Marinade im Kühlschrank faktisch unbegrenzt haltbar.

In feine Streifen geschnittenes oder fein gehobeltes rohes Gemüse (z. B. Karotten, Zucchini, Fenchel, Rotkraut) in vorgewärmte hohe Einmachgläser schichten, mit der heißen Marinade übergießen und darauf achten, dass alles gut damit bedeckt ist. Eine Woche im Kühlschrank ziehen lassen. Die auf diese Weise hergestellten Gemüsepickles (nach Tanja Grandits) sind vielseitig verwendbar und halten gekühlt mindestens 1 Monat. Die abgeseihte, von allen Aromen durchdrungene Gemüsemarinade kann anschließend auch noch weiterverwendet werden.

Chilizucker

Frische rote Chilischoten sorgfältig entkernen und in feinste Würfelchen schneiden (Küchenhandschuhe verwenden!). Im Cutter mit Feinkristallzucker mixen. Die benötigte Menge an Zucker kann je nach Feuchtigkeit des Chili variieren, das Endergebnis sollte noch eine kristalline – »streufähige« – Konsistenz aufweisen. In Schraubgläser füllen. Im Kühlschrank mindestens 1 Monat haltbar.

Orangenzucker

Die Schale von Bioorangen fein abreiben (am besten mithilfe einer „Microplane"-Reibe). Im Cutter mit Feinkristallzucker mixen. Die benötigte Menge an Zucker kann je nach Feuchtigkeit der Orangenschale variieren, das Endergebnis sollte noch eine kristalline – »streufähige« – Konsistenz aufweisen. In Schraubgläser füllen. Im Kühlschrank mindestens 1 Monat haltbar.

Gewürzöl

125 ml Olivenöl extra vergine
ausgekratztes Mark einer Vanilleschote
1 Lorbeerblatt
1 Sternanis
1 TL schwarze Pfefferkörner
1 TL Feinkristallzucker
½ TL Salz
Saft (und evtl. auch fein abgeriebene Schale)
von 1 Biozitrone

Das Olivenöl mit allen Gewürzen (eventuell auch mit der fein abgeriebenen Zitronenschale) im Ofen bei 80 Grad (Umluft) circa 2 Stunden gut abgedeckt ziehen lassen. Das abgekühlte Würzöl durch ein Sieb in ein Schraubglas gießen. Salz und Zucker im Zitronensaft auflösen, ebenfalls durch das Sieb streichen und dem Öl beifügen. Im Kühlschrank mindestens 1 Monat haltbar.

Karamellisierter Knoblauch

3 große Knoblauchknollen
1 EL Olivenöl
(plus mehr zum Übergießen)
2 TL Balsamico
250 ml Wasser
1 EL Feinkristallzucker
1 Prise Salz

Die Knoblauchzehen aus den Knollen lösen, schälen und in kochendem Wasser 3 Minuten blanchieren. Abschrecken und auskühlen lassen. 1 EL Olivenöl erhitzen und die Knoblauchzehen darin kurz Farbe annehmen lassen. Mit Balsamico und Wasser ablöschen (dabei den Topf kurz vom Herd ziehen), aufkochen, den Zucker und die Prise Salz beifügen und einkochen lassen, bis der Knoblauch von einem dicken Karamell überzogen ist. In ein Schraubglas füllen und mit Olivenöl komplett bedecken. Im Kühlschrank ist dieser Knoblauch (nach Yotam Ottolenghi) mindestens 2 Wochen haltbar.

the Dining Room

Einkehr

Je mehr man weiß, desto mehr liebt man.
Und je mehr man liebt, desto mehr findet
man Gefallen daran.

S. Caterina da Siena

QUESTO
DOVE IL 10
LA PRIMA
IL
VOLLERO I
MARCHESI GIUSEPPE E
MANTENUTO
AL CUPIDO
1872

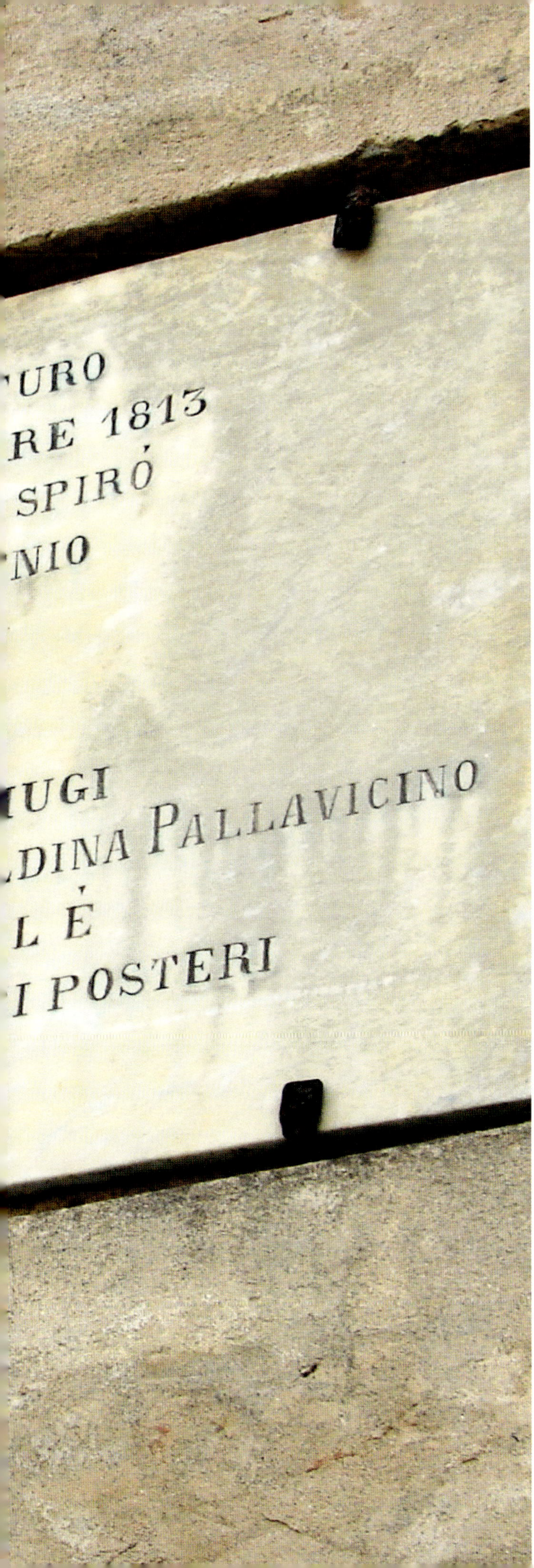

La Villa Verdi

Gewidmet den Musikern des Chicago Symphony Orchestra, die bei jedem Gastspiel in Wien »the Dining Room« buchen. Ihre preisgekrönte Einspielung von Verdis »Messa da Requiem« unter Maestro Riccardo Muti würde ich auf meine Desert Island mitnehmen. Wie die Erinnerung an den Violinisten, der im Wiener Musikverein während der Konzertpause hinauf auf den Balkon kam, nur um mir für ein genussvolles Dinner am Vorabend zu danken.

»Io sono un contadino.« – Ich bin ein Bauer. Diese überlieferte Aussage Giuseppe Verdis war ganz offensichtlich nicht nur kokettes Understatement. Er hatte es tatsächlich ernst gemeint, als er sich im Jahr 1848 in die hinterste Provinz zurückzog: auf das renovierungsbedürftige Gut Sant' Agata di Villanova, nahe der Kleinstadt Busseto in der Provinz Parma gelegen. Mein durch das schöne Buch »Zu Gast bei Verdi« von Eva Gesine Baur inspirierter Traum diesen magischen Ort mit eigenen Augen zu sehen, ging 2011 in Erfüllung. Schon lange hatte ich mich nämlich nicht nur mit der Musik, sondern auch mit der Lebensgeschichte des von mir sehr verehrten, wohl bedeutendsten aller italienischen Komponisten auseinandergesetzt. Und natürlich auch mit der Küche der Emilia-Romagna, des Bauches Italiens!

Gut aussehend, umschwärmt und nach dem tragisch frühen Tod seiner ersten Ehefrau und der beiden gemeinsamen Kinder alleinstehend und unabhängig, hielt man ihn schlichtweg für verrückt, bestenfalls für sentimental. Verdi war in der Nähe geboren, in Busseto seine Karriere entscheidend gefördert worden. Doch Weltkarrieren werden in Metropolen gemacht und nicht in einem feuchten, keineswegs idyllischen Landstrich wie jenem zwischen Parma und Piacenza mit den weiten Getreide- und Maisfeldern, den hoch aufragenden Pappeln und schmucklosen Dörfern der Poebene. Im Sommer nervt die Mückenplage, im Winter der Nebel, und noch im Februar weicht der Schneematsch alle Wege auf und Hochwasser droht. Eine Landschaft, die kaum anziehend erschien für einen Star wie ihn, das musikalische Genie und die gefeierte Symbolfigur der Vereinigung Italiens.

Ländliche Abgeschiedenheit Was Verdi, der sich auch intensiv um die Bewirtschaftung des Guts annahm, hier suchte und fand, waren Ruhe und Abgeschiedenheit. Eine konzentrierte Arbeitsatmosphäre erwartete er letztlich auch von seinen Gästen, den Textdichtern, Verlegern und vor allem natürlich den namhaften Sängerinnen, mit denen er die Premieren der neuen Opern vorbereitete. Seine Gäste durften auf keinen Fall Mimosen sein, mussten eine lange und komplizierte Anreise aus einer der Metropolen in Kauf nehmen und sich für Wochen dem Diktat des Hausherrn beugen. Für Starallüren einer Diva hatte Verdi sowieso nichts übrig. Feinfühlige Menschen spürten jedoch, dass es durchaus etwas Besonderes an sich hatte, in dieses mäßig vornehme Haus in der Einöde eingeladen zu werden. Sant' Agata war keine Schönheit, entwickelte sich aber im Lauf der Jahrzehnte zu einer Oase – und ermöglichte es ihren berühmten Bewohnern sogar, autark zu sein: Mehl kam von Verdis Mühle, Parmesan, Ricotta und Milch aus der eigenen Molkerei sowie Fisch aus den zum Gut gehörigen Gewässern. Um all dies kümmerte sich der gefeierte Komponist persönlich: »Wir leben auf dem Land, und auf dem Land gibt man sehr wenig aus und bekommt viel dafür.«

Verdi und seine zweite Frau Peppina, die ihm zuliebe ihre Gesangskarriere aufgegeben hatte und nun sein Landleben teilte, hatten auch beim Essen viel Sinn für Tradition. So sehr wie seine Heimat liebte Giuseppe auch deren Bräuche und typischen Gerichte. Selbstverständlich machten die beiden nicht täglich selbst Küchendienst, aber gut essen wollten sie jeden Tag, sodass die Suche nach einem guten Koch, der es mit den Launen des Hausherrn und der Einsamkeit des Landguts aufnehmen konnte, wahrlich einer Lebensaufgabe gleichkam.

Aber wenn Gäste da waren, stand manchmal sogar der Meister als rühriger Gastgeber persönlich am Herd. Als grandioser Komponist beherrschte er auch in diesem Fach die Kunst der spielerischen Variation.

»Im Geiste empfinde ich noch immer den großen und lieben Frieden von Sant' Agata«, bedankte sich der Dichter Arrigo Boito nach einem seiner ausgiebigen Besuche an diesem Ort der Stille.

La Villa Verdi
Das Dinner

Rustikale Fleischterrine
mit Peperonate

Rotoli di Pasta
alla Mantovana

Torta di Riso

Rustikale Fleischterrine

mit Peperonate

Dieses attraktive Rezept von Anna Del Conte ist ein Glanzpunkt auf jedem sommerlichen Buffet oder im Handumdrehen auf dem Tisch, um eine hungrige Schar nach der Gartenarbeit glücklich zu machen.

2 fleischige Paprika in Rot und Gelb
450 g mageres Rindsfaschiertes *(Rinderhack)*
225 g mageres Schweinsfaschiertes *(Schweinehack)*
50 g Parmesan oder Grana Padano, frisch gerieben
2 verquirlte Eier
2 Knoblauchzehen, fein gehackt
(optional: fein gehackte frische oder getrocknete mediterrane Kräuter nach Belieben)
Meersalz, frisch gemahlener schwarzer Pfeffer

1 EL Olivenöl extra vergine zum Bestreichen

1 Terrinenform mit 1 l Fassungsvermögen
Frischhalte- und Alufolie

HINWEIS

Für den Auberginenkaviar 2 große Auberginen würfelig schneiden, mit 1 Gemüsezwiebel und 2 Knoblauchzehen (beides sehr fein gehackt) vermischen und im Backofen (180 Grad Umluft, wenn möglich mit Zugabe von 25 % Dampf) schmelzend weich backen. Dann im Cutter mit 1 TL Räucherpaprika und 1 EL Honig sowie Salz und Pfeffer zu einer groben Creme mixen.

Die Paprika auf ein mit Alufolie ausgelegtes Backblech legen und im Backofen (Grillfunktion) von allen Seiten rösten, bis die Haut versengt ist und Blasen wirft. 10 Minuten gut abgedeckt ausdampfen lassen, entkernen, die Haut abziehen und das Fruchtfleisch in ungefähr 1 x 1 cm große Quadrate schneiden.

Das Faschierte und alle anderen Zutaten samt den Paprikastückchen sehr gründlich in einer Schüssel mischen und gut würzen. Bedenken Sie, dass später kalt genossene Gerichte generell mehr Würze benötigen.

Die Form sorgfältig doppelt mit Frischhaltefolie auskleiden, sie schmilzt später zu einer Hülle und erleichtert das Herausheben der Terrine. Die Fleischmasse gleichmäßig einfüllen und die Form einige Male fest auf die Arbeitsfläche schlagen, um Lufteinschlüsse zu verhindern. Die Oberfläche der Terrine mit Olivenöl bestreichen.

Die befüllte Form in ein tiefes, 2–3 cm hoch mit Wasser befülltes Backblech setzen. Im vorgeheizten Backofen (150 Grad, Kombidämpfer 130 Grad mit 50 % Dampf) circa 1 Stunde garen. Die Terrine ist fertig, wenn beim Anstechen in der Mitte der Terrine nur noch klarer, unblutiger Fleischsaft austritt. Den entstandenen Saft abgießen und anderweitig verwenden. Die Terrine herausheben, abkühlen lassen, in Alufolie verpacken und mindestens 12 Stunden kühl stellen. Sie kann 3 bis 4 Tage im Voraus zubereitet werden.

Vor dem Verzehr Zimmertemperatur annehmen lassen. In dekorative Scheiben schneiden, mit einem Faden Olivenöl beträufeln und mit anderen kalten Beilagen ergänzt servieren. Besonders gut passen Oliven und Auberginenkaviar (Rezept siehe linke Spalte).

Rotoli di Pasta alla Mantovana

Rotoli sind mein Vorzeigerezept, um für bis zu 16 Personen frische Pasta zuzubereiten. »Alla Mantovana« ist eine althergebrachte, für die Poebene typische Kombination von salzigen und süßen Elementen auf Basis von Kürbis.

Pasta *(für 2 Rollen)*

(8 Hauptspeisen oder 12 Zwischengerichte)
1 großes Ei
1 Eigelb
100 g Universalmehl
50 g Hartweizengrieß

Füllungen

ca. 1,3 kg vorgegarter Butternusskürbis *(siehe unten)*
80 g Parmesan oder Grana Padano, frisch gerieben
1 EL Marillenkernöl *(oder 1–2 TL Amarettolikör)*
1–2 TL Grappa
1 TL gelbe Senfsaat, fein gemahlen

50 g Butter
35 g Universalmehl
Meersalz, frisch gemahlener schwarzer Pfeffer
1 Schuss Weißwein oder Marsala
250 ml Milch
600 g Ricotta

einige grob geschnittene Salbeiblätter
in ca. 150 g Butter angeröstet
frisch geriebener Parmesan zum Bestreuen
4 zerbröselte *(zerkrümelte)* Amaretti *(siehe Seite 172)*
Frischhaltefolie

HINWEIS

Für die Kürbisfüllung den Kürbis in Würfel (ca. 1 x 1 cm) schneiden. In eine Schüssel geben, mit Meersalz und frisch gemahlenem Pfeffer vorsichtig würzen, mit Olivenöl benetzen und durchmischen. Im vorgeheizten Backofen (180 Grad Ober-/Unterhitze) schmelzend weich backen.

Ei und Eigelb miteinander verquirlen. Das Mehl und den Grieß in eine Schüssel sieben, in die Mitte eine Mulde drücken und die Eimischung hineingießen. Mithilfe einer Gabel das Mehl langsam von außen nach innen zu den Eiern mischen, bis sich ein grober Teig gebildet hat. Mit leicht befeuchteten Händen rasch zu einem glatten Ballen verkneten. Gut bemehlt in Frischhaltefolie wickeln und vor der Weiterverarbeitung mindestens 30 Minuten im Kühlschrank rasten lassen.

Den vorbereiteten Kürbis mit Parmesan, Marillenkernöl, Grappa und Senfsaat gründlich mischen. Die Butter in einer Kasserolle schmelzen, das Mehl unterrühren, würzen und mit dem Weißwein ablöschen. Die Milch zugießen und unter Rühren zu einer dicken Béchamelsoße einkochen. Abgekühlt mit dem Ricotta mischen.

Pasta sowie Kürbis- und Ricottafüllung jeweils halbieren. Eine Hälfte des Pastateigs gut bemehlt auf einem Küchentuch zu einem circa 40 x 40 cm großen Quadrat ausrollen. Die Ricottafüllung darauf verstreichen (2 cm vom Rand weg freilassen) und mit der Kürbisfüllung bedecken. Die Teigränder einklappen und mithilfe des Tuchs straff aufrollen. Die Pastarolle auf ein großes Stück Frischhaltefolie legen und damit straff einwickeln; die Enden der Folie verknoten oder mit einem Stück Bindfaden fixieren. Mit der zweiten Teigrolle und den restlichen Füllungen genauso verfahren.

In eine entsprechend große, tiefe Backform 4 bis 5 cm hoch Wasser einfüllen, die beiden Rollen hineinsetzen und im vorgeheizten Backofen (150 Grad Umluft, Kombidämpfer 130 Grad mit 50 % Dampf) 60 Minuten pochieren. Beim Garen schmilzt die Folie zu einer dichten, festen Hülle; darin die ausgekühlte Pasta mindestens 6 Stunden im Kühlschrank fest werden lassen.

Vor dem Servieren die Folie entfernen, die Pastarollen in Scheiben schneiden und auf einem mit Backpapier ausgelegten Backblech im Ofen erwärmen (120 Grad Umluft). Mit Salbeibutter beträufeln, mit Parmesan und Amarettibröseln bestreuen und servieren.

Torta di Riso

In der Poebene werden die berühmten Reissorten Italiens kultiviert. Dieses Rezept für eine süße Reistorte stammt wieder von Anna Del Conte und hat meiner Erfahrung nach hohes Suchtpotenzial.

Für eine Torte von 24 cm Durchmesser

750 ml Milch
180 g Feinkristallzucker
fein abgeriebene Schale von ½ Biozitrone
2 Msp. Zimtpulver
1 Prise Salz
150 g Risottoreis *(z. B. Vialone Nano)*
4 Eier
120 g getoastete Mandeln, grob gerieben
60 g getoastete Pinienkerne, grob gehackt
50 g Aranzini, fein gehackt *(Orangeat, siehe Seite 204)*
1 EL Orangenlikör *(im Originalrezept: Rum)*

Butter zum Befetten sowie Mehl und Semmelbrösel *(Paniermehl)* zum Ausstreuen der Form
Staub- bzw. Puderzucker zum Bestreuen

In einer Kasserolle die Milch zusammen mit 150 g Zucker sowie den Gewürzen aufkochen und den Reis einstreuen. Bei milder Hitze etwa 40 Minuten unter gelegentlichem Umrühren köcheln, bis der Reis die Milch absorbiert hat und cremig weich ist.

Eier trennen. In den leicht überkühlten Milchreis ein Eigelb nach dem anderen gründlich einrühren, dann die übrigen Zutaten untermischen. Die Eiweiße mit dem restlichen Zucker sowie einer Prise Salz zu einem festen Schnee aufschlagen und unter die Reismischung heben. Die Masse gleichmäßig in die gebutterte und mit Mehl und Bröseln ausgestreute Tortenform verteilen.

Die Torte im vorgeheizten Backofen (180 Grad Ober-/Unterhitze) circa 50 Minuten backen (Stäbchenprobe!); eventuell gegen Ende der Backzeit mit Alufolie abdecken. Ausgekühlt und gut in Folie verpackt zumindest über Nacht, besser noch 1 bis 2 Tage im Kühlschrank ruhen lassen; erst dann hat sich ihr Geschmack voll entwickelt. Bei Zimmertemperatur mit Staubzucker bestreut servieren.

La Casellina

Jenen gewidmet, deren treue Freundschaft wie eine Klammer zwischen meinem früheren und jetzigen Leben erscheint: Grete Wessely, die wie kaum eine andere verstanden hat, wie essenziell das Reisen für mich ist; Gabi und Brian Johnston, großartige Hoteliers, die ich seit einer Filmproduktion im Waldviertel zu meinen Freunden zählen darf und die mit großer Anteilnahme den bisherigen Weg von »the Dining Room« verfolgt haben.

Das Kleinod Monticchiello di Pienza ist weit über die Grenzen der Südtoskana durch sein Laientheater »Teatro Povero« berühmt. Als mein Mann und ich während Dreharbeiten für eine Doku im Jahr 2000 das erste Mal am eindrucksvollen Stadttor ankamen, hatten wir ausgerechnet jene Zufahrtsstraße gewählt, die eine »strada bianca« ist. Zu etwas Weißlichem war auf der staubigen Straße auch unser dunkler Wagen mutiert. Als es dann noch zu regnen begann – es war Ende März und nicht umsonst waren die Hügel so sattgrün –, sank unsere Laune auf einen Tiefpunkt. Wir schlüpften also durch das beeindruckende Tor und fanden uns vor einer einladenden Osteria mit dem passenden Namen »La Porta« wieder. Dieser gastliche Ort sollte für uns im Laufe des weiteren Aufenthalts zu einem seelenwärmenden Fixpunkt werden.

Erinnerungen An unserem Abschiedsabend verließen wir gerade noch rechtzeitig unser neues Lieblingslokal, um – nach einem soeben über das Land gezogenen Gewitter – einen atemberaubenden Sonnenuntergang zu erleben. In Windeseile holten wir nochmals das Filmequipment hervor und drehten Einstellungen, die ihresgleichen suchten. Später wurden sie zum Finale des Films komponiert, der auch unsere letzte gemeinsame Arbeit am Schnittplatz werden sollte. Seither trug ich diese spektakuläre Stimmung in mir – als mein archetypisches Bild der Toskana.

Elf Jahre später, nach dem Erscheinen meines ersten Buches und mitten in einem mentalen Loch, gab ich meiner Sehnsucht nach und die Begriffe »Agriturismo« und »Val d'Orcia« in die Suchmaschine ein. Unversehens landete ich bei einem Bild, das jener unvergessenen Abendstimmung ziemlich ähnlich sah. Es gehörte zu einem bäuerlichen Anwesen namens »La Casellina«. Ich fackelte nicht lange und buchte meinem Bauchgefühl folgend ein Appartement für zwei volle Wochen im Mai. Wissen konnte ich es damals zwar nicht, aber vielleicht hoffte ich es insgeheim, damit einen Seelenplatz gefunden zu haben.

La Casellina war jahrhundertelang eines von etwa siebzig »Poderi« rund um das Städtchen Pienza, die sich alle in der Hand eines einzigen Großgrundbesitzers befanden. Diese Höfe wurden von abhängigen Bauern in Halbpacht bewirtschaftet. Sie wohnten im ersten Stock, die Räume im Erdgeschoss wurden als Stallungen genutzt. Genau diesem Muster entsprach auch La Casellina. Heute noch leben im ersten Stock

des alten Steinhauses die Großeltern, die diesen Hof in den Sechzigerjahren im Zuge der Landreform erworben haben. Das Erdgeschoss hingegen wurde von Sohn Mino und Schwiegertochter Paola zu zwei entzückenden, im typisch toskanischen Stil gehaltenen Appartements adaptiert. Der neu gebaute Stall, in dem mächtige weiße Chianarinder gehalten werden, befindet sich jetzt hinter dem alten Haus. Futterwiesen, ein kleiner Weingarten und ein Olivenhain gehören ebenfalls zu Minos Reich. Alles in allem ein kleiner feiner Vorzeigebetrieb, in dem mit viel Herz, aber auch Stolz gewerkt wird. Dieses stete freudvolle Arbeiten im Gleichklang mit der Natur – mit Gelassenheit und Effizienz, aber ohne Stress – ist für mich persönlich auch ein Teil der Ruhe und Ausgeglichenheit, die dieser Ort vermittelt.

Wenn man aus einem der beiden Appartements ins Freie tritt, glaubt man sich auf dem höchsten Punkt einer Arena, in der sich diese einzigartige Landschaft wie ein Bilderbuch ausbreitet. Es ist meines Erachtens daher auch gar kein Fehler, hier einen Tag lang – vielleicht mit einem guten Buch – an einem lauschigen Plätzchen zu verweilen. Das ständig wechselnde Licht über den Hügeln, die rasch ziehenden Wolken mit ihrem Schattenspiel, das der Landschaft eine ganz eigene Theatralik zu verleihen vermag, und natürlich das Schauspiel des Sonnenuntergangs verzaubern mich immer wieder von Neuem. Hier habe ich das befriedigende Gefühl, mitten im Geschehen zu sitzen, ohne etwas anderes zu versäumen.

Doppelbelichtung Meist mache ich mich jedoch morgens nach dem von Mino liebevoll zubereiteten opulenten – wenn möglich im Freien genossenen – Frühstück auf den Weg zu einer der unzähligen Sehenswürdigkeiten in der Umgebung. Und wenn ich abends mit vielen unvergesslichen Eindrücken zurückgekehrt bin, die Sonne hinter Pienza verschwunden ist und der kühle Abendwind vom Meer her weht, dann fahre ich im letzten Licht des Tages die paar Kurven bergab bis vor den alten Borgo, um den Tag mit einem Abendessen in »La Porta« zu beschließen.

Als ich nach elf Jahren das erste Mal wieder durch das mächtige mittelalterliche Tor schritt und die Osteria betrat, bedachte mich Daria, die Inhaberin, einen kurzen Moment lang mit einem warmen, wissenden Lächeln und bediente mich dann, als wenn ich – ganz selbstverständlich – erst wenige Tage zuvor das letzte Mal bei ihr zu Gast gewesen wäre. In einem Land, in dem Generationen einer Familie am gleichen Ort, im gleichen Haus wohnen und in einen großen historischen Bogen eingebunden sind, relativiert sich eben vieles.

Die meditativen Wochen, die ich inzwischen in La Casellina verbringen durfte, erscheinen mir als Doppelbelichtung, in der schöne Erinnerungen mit neuem Lebensgefühl verschmelzen. Es ist ein zweites Zuhause, in dem ich ganz ich selbst sein kann und bei jedem Abschied einen Teil meiner Seele zurücklasse.

La Casellina
Das Dinner

Panzanella
all'Anna

Eier im Nudelnest

Olivenöl-Gewürzkuchen
mit Birnen

Panzanella all'Anna

Ein Salat auf Basis von altbackenem Brot ist typisch für die »Cucina povera« der Toskana. Diese von Anna Del Conte, die viele Familienferien in einem alten Bauernhaus im Chianti verbrachte, entwickelte elegantere Version leuchtet am Teller wie die Farbpalette eines Malers.

½ rote Zwiebel
1 rote Paprika
1 gelbe Paprika
5–6 mittlere Strauchtomaten
1 kleine Salatgurke
20 g Basilikum, grob geschnitten
(Küchenschere verwenden!)
4 EL Olivenöl extra vergine
2 Anchovisfilets
1–2 Knoblauchzehen
2 EL Weißweinessig
ca. ½ TL rote Chilischote, entkernt, fein geschnitten
(Menge je nach gewünschtem Schärfegrad)
Meersalz, frisch gemahlener schwarzer Pfeffer
8 Scheiben gutes Toskanabrot,
wenn möglich aus dem Holzofen
1 EL Salzkapern

Alufolie für das Backblech

HINWEIS

Wenn Sie karamellisierten Knoblauch *(aus dem Vorrat im Kühlschrank, siehe Seite 59)* verwenden, können Sie ihn natürlich – fein zerrieben – in der Vinaigrette belassen. Anna verwendet die Paprika übrigens in ihrem Rezept roh, ich persönlich bevorzuge wegen der geschmeidigeren Konsistenz und dem süßeren Geschmack die gegrillte und enthäutete Version.

Die geschälte rote Zwiebel in feine Ringe schneiden und mit einer Prise Salz 1 Stunde in kaltem Wasser ziehen lassen. Dadurch verliert sich die Schärfe des Zwiebelgeschmacks.

Die Paprika auf ein mit Alufolie ausgelegtes Backblech legen und im Ofen (Grillfunktion) von allen Seiten rösten, bis die Haut versengt ist und Blasen wirft. 10 Minuten gut abgedeckt ausdampfen lassen, entkernen, die Haut abziehen und das Fruchtfleisch in Würfel oder Streifen schneiden. Den Saft auffangen.

Die Kappe zusammen mit dem Stilansatz der Tomaten entfernen, sorgfältig mithilfe eines kleinen Löffels entkernen und in gleichmäßige Würfel schneiden. Die Gurke schälen und in circa 1 x 1 cm große Würfel schneiden. Das Gemüse vorsichtig mit dem Basilikum vermischen.

In einer kleinen Kasserolle das Olivenöl sanft erhitzen und die Anchovisfilets darin schmelzen. Dabei die Knoblauchzehen mitziehen lassen, dann entfernen. Das Würzöl mit dem Essig, dem Chili und dem aufgefangenen Paprikasaft zu einer Vinaigrette mischen und mit Salz und Pfeffer abschmecken.

Die Brotscheiben im Backofen (Grillfunktion) oder im Toaster knusprig bräunen. Jeweils eine auf einen Teller legen und mit dem vorbereiteten Gemüse (außer Zwiebelringen) dekorativ belegen. Mit Vinaigrette beträufeln sowie mit Kapern bestreuen. Zum Schluss jede Portion mit Zwiebelringen toppen.

Eier im Nudelnest

Aus Annas Feder stammt auch ein Kinderkochbuch, das sie mit ihrer Enkelin Coco verfasst hat. Auch Letizia und Luca, die junge Generation in »La Casellina«, hätten wohl Freude an ihrer optisch so ansprechenden Adaption von »Pasta alla Carbonara«. Vielleicht sollte es dort »nach Art des Sonnenuntergangs« heißen!

120 g Butter
2 EL Olivenöl extra vergine
20 g Salbeiblätter, grob geschnitten
(Küchenschere verwenden!)
2–3 karamellisierte Knoblauchzehen
(siehe Seite 59), fein zerrieben
200 g Pancetta, in feinen Würfelchen
350 g Tagliatelle *(Bandnudeln)*
ca. 8 EL Parmesan oder Grana Padano,
frisch gerieben
8 Eigelb von Bioeiern *(Eiweiß eventuell für Amaretti-Kekse, siehe Seite 172, und/oder Pignoli-Rosmarin-Cracker, siehe Seite 102, verwenden)*
Meersalz, frisch gemahlener schwarzer Pfeffer

Backpapier
frisch geriebener Parmesan oder
Grana Padano zum Servieren

In einer Kasserolle die Butter mit dem Olivenöl sanft erhitzen, den Salbei (gleichzeitig mit einer Prise Salz, damit das Grün erhalten bleibt) sowie den Knoblauch beifügen und circa 2 Minuten sautieren. In eine kleine Schüssel umgießen und warm halten.

In der gleichen Kasserolle die Speckwürfel knusprig braten und auf Küchenkrepp abtropfen lassen.

Die Tagliatelle in genügend Salzwasser al dente kochen. Eine Tasse des Kochwassers zurückbehalten. Die Pasta abgießen und tropfnass in der noch warmen Kasserolle zusammen mit der Butter-Öl-Mischung gründlich schwenken. Den Käse einrühren und alles großzügig mit Pfeffer würzen. Falls die Mischung zu trocken erscheint, das zurückbehaltene Pastawasser nach und nach angießen.

Mittels einer Gabel oder eines Servierrings 8 Nudelnester formen und auf ein mit Backpapier ausgelegtes Backblech setzen. Die gebratenen Pancettawürfelchen gleichmäßig in den Nudelnestern verteilen und in die Mitte jedes Nestes ein Eigelb gleiten lassen.

Die Nudelnester im vorgeheizten Backofen (180 Grad Ober-/Unterhitze) 8 bis 10 Minuten backen, bis die Eigelbe wachsweich sind. Mit Parmesan bestreuen und sofort servieren.

Olivenöl-Gewürzkuchen mit Birnen

Das hier zugrunde liegende Rezept ist eines von Annas wohl erfolgreichsten und verwendet Äpfel. Ich mag die Version mit Birnen am liebsten, Ingrid Pabst (siehe Seite 15) hat daraus einen Kuchen mit Rhabarber gemacht. Egal, Hauptsache mit Olivenöl – das allerbeste kommt für mich natürlich von La Casellina!

Für 1 Tortenform mit 28 cm Durchmesser

600 g Birnen *(3-4 Stück)*, grobwürfelig geschnitten
fein abgeriebene Schale und Saft von 1 Biozitrone
120 g Rosinen, in Wein oder Fruchtsaft gequollen
150 ml Olivenöl extra vergine
200 g Feinkristallzucker
1 TL Lebkuchengewürz
1 TL Zimtpulver
3 Eier
350 g Universalmehl
1 ½ TL Speisenatron
1 TL Backpulver
1 Prise Salz

Mehl und Brösel zum Ausstreuen
und Butter oder Öl zum Fetten der Form
Alufolie

HINWEIS

Statt Lebkuchengewürz nehme ich für diesen Kuchen auch gern eine Mischung, die im Orient als Gewürzzusatz für Kaffee Verwendung findet: Kardamom, Muskatnuss, Vanille, Ingwer, Piment, Nelken und Pfeffer.

Die geschnittenen Birnen mit der fein geriebenen Zitronenschale und dem ausgepressten Saft sowie den Rosinen vermengen.

Das Olivenöl mit dem Zucker und den Gewürzen mithilfe eines Handmixers oder in der Küchenmaschine so lange bei hoher Geschwindigkeit rühren, bis sich der Zucker weitestgehend aufgelöst hat. Dann ein Ei nach dem anderen beifügen und weiterschlagen, bis die Masse an Volumen gewonnen hat und wie dünnflüssige Mayonnaise aussieht.

Das Mehl mit dem Speisenatron, dem Backpulver und der Prise Salz mischen, in die Olivenölmischung sieben und mit einem Teigschaber alles zügig miteinander vermischen. Die Birnen mit den Rosinen unterheben und den Teig gleichmäßig in die gefettete und ausgestreute Tortenform füllen.

Den Kuchen im vorgeheizten Backofen (180 Grad Ober-/Unterhitze) etwa 65 Minuten (Stäbchenprobe!) backen. Während der zweiten Hälfte der Backzeit locker mit Alufolie abdecken.

Dieser Kuchen ist bereits lauwarm genossen köstlich, die Aromen entwickeln sich aber erst nach und nach. Im Kühlschrank aufbewahrt hält er einige Tage und schmeckt immer noch besser (falls er dann nicht schon aufgegessen ist).

La Foce

Gewidmet meinen Freunden Christa Hämmerle und Jürgen Ehrmann. An einem lauen Augustabend 2013 haben wir dieses Buchprojekt gemeinsam »aus der Taufe gehoben« – und beim Verkosten dieses Menüs besiegelt. Jürgen hat bereits mein erstes Buchprojekt als Lektor begleitet, nun war das zweite Anlass, seine »Edition Esspapier« zu gründen. Und Christa ist Historikerin mit Schwerpunkt Frauen- und Geschlechtergeschichte …

W

ie oft war ich schon an der Landstraße zwischen Monticchiello und Montepulciano an dem Richtungsschild »La Foce« vorbeigefahren! Doch ich hatte trotz jahrelanger Beschäftigung mit der Materie keine Idee, dass sich hinter diesem Anwesen der Schlüssel zu einem tieferen Verständnis von Historie und Entwicklung einer der beeindruckendsten Kulturlandschaften Italiens verbirgt: dem Val d'Orcia.

Das änderte sich schlagartig, als ich ausgerechnet am letzten Tag meines Aufenthalts 2013 in einer Buchhandlung in Pienza auf ein wunderschön ausgestattetes Buch stieß: »La Foce – A Garden and Landscape in Tuscany«. Die rührige Buchhändlerin zeigte mir noch mehr Bücher zum Thema, und ich begriff, dass La Foce mit einem großen Namen assoziiert wird: der Schriftstellerin Iris Origo, genannt »La Marchesa della Val d'Orcia«. Ihre Biografie »Light and Shadow« und das Büchlein »War in Val d'Orcia« mussten daraufhin noch in meinem bereits gepackten Koffer Platz finden. Als ich mich in den Wintermonaten in Wien in die Bücher zu vertiefen begann, war es, als wenn ich den Zipfel eines roten Fadens gefunden hätte. Je mehr ich daran zog, desto klarer begannen sich Mosaiksteine zu einem Ganzen zu fügen. Eine Landschaft, die ich schon seit Jahren als jene, »wo meine Seele wohnt«, bezeichnet hatte, bekam nun ganz neue Konturen von Licht und Schatten. Das verdanke ich Iris Origo.

Kosmopolitisches Umfeld Iris Origo wurde 1902 als Tochter eines reichen amerikanischen Diplomaten und seiner aus angloirischer Aristokratie stammenden Frau geboren. Als der lungenkranke Vater während einer Nilfahrt in Ägypten verstarb, hatte er bereits verfügt, dass seine erst acht Jahre alte Tochter weder in den USA noch in Großbritannien leben sollte. Damit wollte er ihr die Möglichkeit eröffnen, in einem kosmopolitischen Umfeld und ohne engstirnigen Patriotismus heranzuwachsen. Diesem elitären Wunsch entsprach Iris' Mutter und erwarb mit dem geerbten Vermögen die Villa Medici in Fiesole hoch über Florenz. Dort wuchs Iris mitten in der höchst privilegierten englischen Kolonie auf, die in den Jahren vor dem Ersten Weltkrieg in der Toskana intellektuell tonangebend war. Die junge Iris war zwar einsam und von Gleichaltrigen abgeschottet, studierte aber mit einem Privatlehrer Vergil und Homer. Als Iris 1924 gegen den Willen ihrer Mutter den Marchese Antonio Origo heiratete, hatte sie sich damit auch endgültig für einen Verbleib in Italien entschieden. Hier wollte sie endlich verwurzelt sein. Dies manifestierte sich in einer außergewöhnlich idealistischen Entscheidung des jungen Paares: Sie kauften ein Landgut »in the middle of nowhere«, in den erodierten, einer Mondlandschaft ähnlichen Hügeln der Crete Senese in der Nähe von Montepulciano.

Das Gut La Foce war schon vor Jahrhunderten für Pilger, die auf der Via Francigena zu den Grabstätten der Apostel Petrus und Paulus nach Rom unterwegs waren, ein wichtiger Stützpunkt gewesen. Als Iris und Antonio es erwarben, war der alte Glanz allerdings schon längst verblasst, und man konnte das stark renovierungsbedürftige Haus kaum noch als Villa bezeichnen. Doch an ihrem Entschluss war nicht zu rütteln: Hier wollten sie, nach entsprechendem Umbau, nicht nur eine Familie gründen, sondern auch das über Jahrhunderte vernachlässigte und in unzähligen kriegerischen Auseinandersetzungen zwischen den Stadtstaaten aufgeriebene Tal des Orcia-Flusses neu kultivieren.

Veränderungen Fünfzehn arbeitsreiche Jahre zogen ins Land. Das althergebrachte und auf Basis gegenseitigen Vertrauens funktionierende Bewirtschaftungssystem der Halbpacht – abhängige Bauern, die die Erträge mit dem Gutsherrn teilen – stellte noch beide Teile zufrieden. Während Antonio das Land urbar machen ließ und modernste landwirtschaftliche Methoden einführte, begann die Marchesa eine kleine Klinik sowie eine Schule für neunzig Kinder zu errichten. Bis dahin war die überwiegende Anzahl der Bauern Analphabeten gewesen, von nun an sollten sich die Lebensbedingungen dieser verarmten und teilweise noch im Hexenglauben verwurzelten Menschen entscheidend ändern.

Und rund um die Villa konnte sich Iris endlich einen lang gehegten Wunsch erfüllen, nachdem dank eines großzügigen Geschenks ihrer reichen amerikanischen Großmutter eine leistungsstarke Wasserleitung verlegt worden war. Der junge, in Florentiner Kreisen geschätzte Architekt Cecil Pinsent, der bereits das Landgut renoviert und eine neue Fattoria errichtet hatte, durfte nun auch damit beginnen, einen Maßstäbe setzenden Garten anzulegen.

Der Garten und das Schreiben historischer Biografien, mit dem Iris in den 1930er-Jahren begann, waren ihre persönlichen Zufluchtsorte angesichts einer großen persönlichen Tragödie. So wie Iris selbst ihren Vater im Alter von acht Jahren verloren hatte, so verstarb ihr eigenes erstgeborenes Kind, ihr Sohn Gianni, im gleichen Alter an Meningitis. Und noch mehr Schatten legten sich im Laufe der folgenden Jahren über La Foce. Hatten sich zuerst noch die Maßnahmen der seit 1922 regierenden Faschisten hilfreich bei der nachhaltigen Kultivierung des Tals ausgewirkt, so begann man langsam zu erahnen, was Mussolini in Wahrheit im Schilde führte. Als Italien ein paar Monate nach Beginn des Zweiten Weltkriegs an der Seite Deutschlands in den Krieg eintrat, schienen die Schauplätze zwar noch weit weg.

> Doch Iris war nun mehr denn je eine Gespaltene: zwischen der Loyalität zu den nunmehr »feindlichen« Ländern ihrer Großeltern, den alliierten Mächten USA und Großbritannien, und ihrer neuen, selbst erwählten Heimat Italien.

Das Leben in La Foce änderte sich schlagartig, als im Januar 1943 mehr als zwanzig Flüchtlingskinder aus den verheerend bombardierten Städten Genua und Turin eintrafen. Das war der Moment, in dem Iris begann, ein Kriegstagebuch zu führen, das zurecht Berühmtheit erlangen sollte. Ergreifend ist es, zwischen den Zeilen dieses authentischen Berichts eines Kriegsalltags Iris Origos persönliche Metamorphose zu erahnen. Als es darum ging, neben ihren zwei eigenen, spät geborenen Töchtern noch Verantwortung für unzählige andere Kinder zu übernehmen, entwickelte sie nicht nur ungeahnte Kräfte, sondern angesichts von geteiltem Leid und gemeinsamer Bedrohung verschwammen auch, zumindest für den Moment, die Barrieren zwischen Reichen und Armen, Gebildeten und Ungebildeten.

Inzwischen schlitterte Italien unaufhaltsam in die größte Katastrophe seiner Geschichte. Nach der einstweiligen Absetzung Mussolinis und einem viel zu späten Waffenstillstand mit den Alliierten, was einer raschen Besetzung der Landesteile nördlich von Rom durch die deutsche Armee Vorschub leistete, wurde ein faschistischer Marionettenstaat etabliert. Das Land war faktisch zweigeteilt. Die Gräuel dieser Zeit wurden noch durch einen Partisanenkampf zwischen Faschisten und Antifaschisten vervielfacht.

Leben in Gefahr In La Foce war man mehr denn je auf sich selbst angewiesen. Nicht nur die Flüchtlingskinder mussten mit Essen, Kleidern und Bildung versorgt werden. In den Jahren 1943/44 brachten sich die Origos beinahe täglich in große Gefahr, indem sie Aberhunderte in den Wäldern rund um La Foce versprengte Kriegsgefangene, Flüchtlinge aller Herren Länder, Partisanen und Deserteure mit dem Lebensnotwendigsten versorgten. Da die Villa und Fattoria an einer Straße liegen, waren diese Plätze als Unterschlupf wenig geeignet. Doch von

hier aus organisierte man alles, während die Bauern in den abgelegenen Höfen oft unter dramatischen Umständen für Unterbringung und Versorgung geradestanden. Nicht selten wurden Lebensmittel, die vergraben worden waren, damit sie nicht dem Feind in die Hände fielen, wieder ausgegraben, um sie den Bemitleidenswerten mit auf den Weg zu geben. Diese große Empathie und Menschlichkeit seitens Gutsbesitzer und Bauernfamilien gingen tagtäglich Hand in Hand mit der realen Gefahr, auf der Stelle erschossen zu werden, sollte die Sache einmal auffliegen. »Jeden Abend fragt man sich, ob man genug getan hat, um Leben zu retten. Oder aber, ob man nicht zu viel getan hat und damit vielleicht jemand in große Gefahr gebracht hat«, schreibt Iris sinngemäß in ihrem Tagebuch.

Die Situation eskalierte im Juni 1944, als angesichts der bereits nahenden alliierten Armeen die Villa La Foce von deutschen Soldaten beschlagnahmt wurde. In einem panikartigen Szenario packten die Origos nur das Allernötigste zusammen und machten sich mit 80 anderen Bewohnern des Guts samt den ihnen anvertrauten, zum Teil noch sehr kleinen Kindern auf den Weg. Mitten in der prallen Junisonne, auf einer verminten und von Leichen gesäumten Straße und immer wieder im Gebüsch vor Fliegerbomben Schutz suchend, marschierten sie mutig miteinander die 13 Kilometer zu Fuß nach Montepulciano. Dort erst waren sie unter dem Schutz des befreundeten Bürgermeisters in Sicherheit – in sehnsüchtiger Erwartung der Befreiung durch die Alliierten. Als Antonio und Iris nach La Foce zurückkehrten, stand zwar ihre Villa noch, aber sie war komplett verwüstet worden, so wie auch die meisten der annähernd siebzig Bauernhäuser. Jedoch war nun oberste Priorität, die überfällige Ernte einzubringen, damit die, die überlebt hatten, nicht verhungerten. Dann erst konnte an den Wiederaufbau gedacht werden.

Neuanfang In den folgenden Jahrzehnten mussten sich die Origos gewaltigen neuen Herausforderungen stellen. Unumgänglichen Veränderungen, die sie wohl auch an der Sinnhaftigkeit ihrer geleisteten Aufbauarbeit zweifeln ließen. Das System der Mezzadria, der Halbpacht, hatte sich endgültig überlebt. Die Bauern wollten ihre Eigenständigkeit, und die Origos hatten keine andere Wahl, als Teile des gewaltigen zu La Foce gehörigen Areals zu veräußern. Iris zog sich nun wieder in ihr Refugium »Schreiben« zurück. Stellvertretend für ihr beachtliches Werk sei an dieser Stelle ihr auch in Deutsch erhältliches Buch »Im Namen Gottes und des Geschäftes« erwähnt. Auf Basis einer vollständig erhaltenen Korrespondenz aus der Frührenaissance zeichnet sie darin ein lebendiges Porträt des Tuchhändlers Francesco Datini aus Prato. In Iris Origos Kriegstagebuch habe ich einen äußerst bemerkenswerten Satz entdeckt. Sie beschreibt, wie viele Nationalitäten unter den Menschen vertreten waren, die sich damals die Türklinke der Villa in die Hand gaben, um Schutz zu suchen und einen Bissen Nahrung, Kleidung, etwas Geld und vor allem auch Informationen zu erhalten. Und dann schließt sie den Eintrag dieses Tages mit einem Gedanken, der hier – mitten in der Beschreibung des tagtäglichen Kampfes ums Überleben – beinahe deplatziert wirkt: dass dies ja vielleicht eine Vorahnung für die Zukunft sei. Wie auch immer sie das in diesem Moment empfunden haben mag, sie hat jedenfalls recht behalten.

Ruhe und Entspannung Heute gehört das Val d'Orcia zum UNESCO-Weltkulturerbe. Gäste aus aller Welt kommen hierher, um diese als archetypisch für Italien angesehene Landschaft zu erkunden. Manche mieten eines der als Gästehäuser neu adaptierten ehemaligen Bauernhäuser oder – für Hochzeiten – sogar die Villa selbst. Und noch viel mehr Besucher besichtigen den Garten von La Foce, einen der schönsten Italiens. Nachher kehren sie in das erst vor Kurzem wiederbelebte »Dopolavoro« ein, in dem früher die Bauern zu Feierabend beisammensaßen. Katia Lysy, Iris' und Antonios erstgeborene Enkelin, hat hier gemeinsam mit ihrem Mann Stefano ein wunderschönes, authentisches Lokal geschaffen. Und erzählt mit großer Herzenswärme – und Dankbarkeit – von den Leistungen ihrer verstorbenen Großeltern.

So kam es, dass ich bei meinem folgenden Besuch im Val d'Orcia, im Mai 2013, auf den faszinierenden Spuren der großen Iris Origo unterwegs war. Kein Satz könnte meine Erkenntnisse und Gefühle besser formulieren als jener, der auf ihrem Grabstein auf dem kleinen Friedhof von La Foce zu lesen ist:

»Chi più conosce più ama, più amando più gusta.« (S. Caterina da Siena)

(»Je mehr man weiß, desto mehr liebt man. Und je mehr man liebt, desto mehr findet man Gefallen daran.«)

La Foce
Das Dinner

Pappa col Pomodoro

mit Labneh und Pignoli-Rosmarin-Cracker

Himbeer-Chili-Risotto

mit Garnele und Pistazien-Zitronen-Pesto

Bergforellenfilet

in Orangen-Mokka-Öl mit Kartoffel-Pilz-Crespella

Weiße Schokolade-Beeren-Verrine

mit Basilikumblüten

Pappa col Pomodoro

mit Labneh und Pignoli-Rosmarin-Cracker

Ein typisch bäuerlich-toskanisches Gericht nach Anna Del Conte habe ich mit Tanja Grandits' Labneh und Cracker zu einem extravaganten Gericht kombiniert, ohne seine Bodenständigkeit verleugnen zu wollen. Synonym für die in La Foce gelebte Philosophie!

Pappa

400 ml leichter Gemüse- oder Hühnerfond
100 g Weißbrot, entrindet, grob gewürfelt
1 l Sugo di Pomodoro *(siehe unten)*
1 EL Passata *(Tomatenkonzentrat)*
Meersalz, frisch gemahlener schwarzer Pfeffer

Il mio Sugo di Pomodoro

(Grundrezept für 5 kg Tomaten)
5 kg sonnengereifte Fleischtomaten *(Ochsenherz)*
1 Handvoll Basilikumblätter
2 große Gemüsezwiebeln, fein gehackt
1 EL Knoblauch, fein gehackt
1 EL Chilizucker *(siehe Seite 59)*
200 g Wurzelgemüse brunoise *(in feinsten Würfelchen)*
Olivenöl extra vergine
100 g Passata
Salz, frisch gemahlener schwarzer Pfeffer

Pignoli-Rosmarin-Cracker

35 g Butter
15 g Universalmehl
1 großes Eiweiß *(ca. 35 g)*
1 TL Rosmarinnadeln, grob gehackt
1 EL Pignoli *(Pinienkerne)*

LABNEH

Ein passendes Sieb gründlich mit zugeschnittenen Kaffeefiltern auslegen. Darüber beliebiges Naturjoghurt, mit etwas Salz und eventuell Kräutern oder Gewürzen vermischt, gießen und 24 Stunden im Kühlschrank abtropfen lassen. Dann mithilfe eines Esslöffels Nocken *(Klößchen)* ausstechen.

Den Fond aufkochen und über die Weißbrotwürfel gießen, um diese aufzuweichen. Zusammen mit dem Sugo und dem Tomatenkonzentrat cuttern und, falls notwendig, mit Salz und Pfeffer nachwürzen. Die Pappa lauwarm mit etwas Labneh und einem Cracker servieren.

Für den Sugo die Stielansätze und Kerne der Tomaten entfernen. Die gewaschenen, ungeschälten Tomaten mit dem Basilikum im Cutter pürieren und durch die Gemüsemühle (Flotte Lotte) drehen. Zwiebeln, Knoblauch, Chilizucker und Wurzelgemüse einige Minuten im Olivenöl andünsten. Die Passata einrühren, wobei die Mischung eindickt, die passierten Tomaten dazugeben und würzen. 3 bis 4 Stunden unter gelegentlichem Umrühren köcheln lassen. Der Sugo ist perfekt, wenn man beim Durchrühren deutlich Widerstand spürt und sich an der Oberfläche Fett absetzt.

Für die Cracker die Butter in einem Topf auf kleinster Flamme schmelzen. Das Mehl hinzufügen und alles glatt rühren, kurz abkühlen lassen und dann mit dem Eiweiß und dem Rosmarin mischen. Auf ein mit Backpapier ausgelegtes Blech in entsprechendem Abstand 8 Häufchen der Masse setzen. Mit einem Kunststoff-Backpinsel möglichst dünn verstreichen und mit den Pignoli bestreuen.

Die Cracker im vorgeheizten Backofen (160 Grad Ober-/Unterhitze) circa 15 Minuten goldbraun und kross backen. Ideal ist, wenn man sie kurz vor Ende der Backzeit vorsichtig mithilfe einer Zange umdreht. Die fertig gebackenen Chips können einige Stunden auf Küchenkrepp gebettet an einem trockenen Ort (nicht im Kühlschrank!) gelagert werden.

Himbeer-Chili-Risotto

mit Garnele und Pistazien-Zitronen-Pesto

Einer meiner vielgeliebten Risotto-Klassiker kombiniert mit Anna Del Contes genialem Pistazien-Zitronen-Pesto.

Risotto

1 ½ l Gemüse- oder Hühnerfond
1 große Gemüsezwiebel, sehr fein geschnitten
4 EL Olivenöl extra vergine
400 g Risottoreis *(Vialone Nano)*
Salz, frisch gemahlener schwarzer Pfeffer
1 Schuss trockener Weißwein
2 EL Butter
4 EL Parmesan oder Grana Padano, frisch gerieben
1 EL Chilikernöl *(ersatzweise 1–2 sehr fein gehackte rote Chilis)*
300 g TK-Himbeeren *(ziehen im Gegensatz zu frischen Beeren Saft)*

8 küchenfertige Riesengarnelen
1 EL Olivenöl extra vergine
Salz, frisch gemahlener schwarzer Pfeffer

100 g frische Himbeeren zum Garnieren

Pesto

50 g ausgelöste Pistazien
1 großes Anchovisfilet
1 Prise Feinkristallzucker
1 Prise frisch geriebene Muskatnuss
frisch gemahlener schwarzer Pfeffer
fein abgeriebene Schale und Saft von 1 Biozitrone
1 Schuss Weißweinessig
etwas Oliven- oder Pistazienöl *(Menge je nach gewünschter Konsistenz)*

Für das Pesto alle Zutaten cuttern, abschmecken und im Kühlschrank durchziehen lassen.

Für den Risotto den Fond aufkochen und bereithalten. In einem schweren Topf die Zwiebel in Olivenöl anschwitzen. Den Reis dazugeben, schwenken, würzen und mit dem Weißwein ablöschen. Etwa ein Viertel des Fonds angießen und den Topfdeckel auflegen. Den Risotto etwa 20 Minuten sanft köcheln lassen, dabei immer wieder durchrühren und, wenn erforderlich, Fond nachgießen. Perfekter Risotto sollte nach der Fertigstellung zwar allen zugegebenen Fond aufgenommen haben, aber immer noch »all'onda« (»wie die Welle«) sein, also eine dickflüssige Konsistenz aufweisen.

Butter und Parmesan beifügen und den Risotto mit kräftigen Bewegungen cremig rühren. Dann erst die mit dem Chilikernöl vermischten, aufgetauten TK-Himbeeren samt dem entstandenen Saft unterheben.

Die Garnelen trocken tupfen, kalt in Olivenöl schwenken, würzen und auf einem Backblech zwischen zwei Lagen Backpapier packen, die an den Rändern dicht zusammengefaltet sind. Im vorgeheizten Backofen (180 Grad Umluft) 12 Minuten backen. Damit alles zeitgleich fertig wird, schieben Sie die Garnelen etwa 8 Minuten, nachdem Sie mit dem Risottorühren begonnen haben, ins Backrohr.

Jede Portion mit einer Riesengarnele, einigen frischen Himbeeren und etwas Pesto servieren.

Bergforellenfilet

in Orangen-Mokka-Öl mit Kartoffel-Pilz-Crespella

Orange und Kaffee verleihen der puristischen Bergforelle den entsprechenden aromatischen Kick. Zusammen mit den erdigen Aromen der Roulade in Anlehnung an ein Rezept von Arthur Berger ergibt dies ein nicht alltägliches, aber absolut stimmiges Gericht.

4 küchenfertige Forellenfilets, halbiert
2 EL Gewürzöl *(siehe Seite 59)*
1 TL fein geriebene Schale einer Bioorange
1 Prise gemahlener Kaffee

Crespelle

60 g Universalmehl
1 großes Ei
60 ml Milch
60 ml Wasser
1 EL Olivenöl extra vergine
Salz, frisch gemahlener schwarzer Pfeffer

2 Schalotten, fein gehackt
1 EL Olivenöl extra vergine
100 g küchenfertige Pilze, fein geschnitten
(z. B. Eierschwammerl/Pfifferlinge)
Salz, frisch gemahlener schwarzer Pfeffer

750 g mehligkochende Kartoffeln, ungeschält
4 Eigelb
1 Schuss Schlagobers *(Schlagsahne)*
1 EL frischer Thymian, gerebelt
Salz, frisch gemahlener schwarzer Pfeffer

etwas Butter und Olivenöl zum Anbraten
Frischhaltefolie

HINWEIS

Als verbindendes Element zwischen Fisch und Crespella habe ich eine pikante Selleriecreme zubereitet: Feinste Würfelchen von Stauden- und Knollensellerie werden mit fein gehackten Zwiebeln angedünstet, mit Cidre und Apfelessig abgelöscht, mit Salz, Zucker, Anis und Basilikum gewürzt und weich gekocht. Zum Schluss wird alles im Cutter unter Zugabe von Olivenöl zu einer cremigen Konsistenz gemixt.

Die halbierten Forellenfilets auf einem Backblech auslegen und mit dem mit Orange und Kaffee versetzten Gewürzöl marinieren. Bis zur Weiterverwendung kühl stellen.

Für die Crespelle Mehl, Ei, Milch, Wasser, Olivenöl, Salz und Pfeffer zu einem dünnflüssigen Teig verquirlen und quellen lassen. In einer beschichteten Pfanne 4 dünne Crêpes backen. Nach dem Abkühlen überlappend auf einem Stück Frischhaltefolie auslegen, sodass sie ein Quadrat bilden.

Die Schalotten im Olivenöl glasig dünsten, die Hitze erhöhen und die Pilze scharf anbraten, bis sie goldbraune Spuren zeigen, jedoch noch knackig sind. Dann erst würzen.

Die Kartoffeln in der Schale weich kochen, schälen und noch heiß pressen, sodass ein luftiger Kartoffelschnee entsteht. 500 g abwiegen (den Rest anderweitig verwenden) und mit Eigelben, Obers, vorbereiteten Pilzen, Thymian und Gewürzen vermengen. Die Mischung gleichmäßig auf dem Crêpes-Quadrat verteilen, dabei die Ränder aussparen. Diese nun umklappen und alles mithilfe der Folie straff aufrollen. Mindestens 3 Stunden kühl stellen.

Die Fischfilets rechtzeitig Zimmertemperatur annehmen lassen und im Kombidämpfer (110 Grad Umluft, 50 % Dampf) 8 bis10 Minuten, im konventionellen Backofen (150 Grad Umluft) abgedeckt 12 bis 15 Minuten garen. Die Crespella in Scheiben schneiden und kurz in einer Butter-Olivenöl-Mischung anbraten. Alles gemeinsam anrichten.

Weiße Schokolade-Beeren-Verrine

mit Basilikumblüten

Ein Rezept, das ich bereits seit Jahren hüte – und anlässlich dieses Dinners wieder ausgegraben habe. Die Verbindung mit den Blüten lag angesichts eines wunderbar blühenden Strauchbasilikums auf dem Küchendeck nahe.

100 g Ribiseln *(Rote Johannisbeeren)*, verlesen
100 g Heidelbeeren *(Blaubeeren)*, verlesen
350 g Mascarpone
170 g Topfen *(Quark, 20 %)*
170 g weiße Schokolade, klein gehackt
3 EL Feinkristallzucker
1 TL fein geriebene Schale einer Bioorange
2 EL Blüten vom Strauchbasilikum

8 Gläser à ca. 250 ml

2/3 der Beeren in den Gläsern verteilen. Mascarpone, Topfen, Schokolade, Zucker und Orangenschale in einem Topf mischen und sanft erwärmen, dabei ständig rühren, bis die Schokolade vollständig geschmolzen ist. Die Mischung in die Gläser verteilen und mit den restlichen Beeren sowie den Blüten garnieren. Mindestens 2 Stunden kalt stellen.

HINWEIS

Diese Creme eignet sich auch sehr gut zum Befüllen von Tartes oder Tartelettes. Verwenden Sie etwa das Mürbeteigrezept der Torta al Limone (Seite 140) und füllen Sie diese mit der Weißen-Schokolade-Creme, die sie dann noch mit Beeren oder anderem frischem Obst belegen können.

Der Sommer 2013 war außergewöhnlich heiß. An einem Donnerstag, dem »Fenstertag« zwischen den Dinners, wollte ich, schweißtriefend nach getaner Gartenarbeit, gerade mein Outfit abstreifen und in die Dusche springen, als die Hausglocke läutete. Ich ignorierte das. Es läutete Sturm. Ich blickte aus dem Fenster und sah ein älteres, sehr adrett gekleidetes Paar neben einem Taxi mit laufendem Motor. Als ich die Tür öffnete, pflaumte mich der Taxifahrer an, warum ich denn nicht aufmache, er habe mir doch meine Gäste gebracht. Da begriff ich: Das berühmte Wiener Hotel »Imperial« hatte mir die für Freitag avisierten Gäste aus den USA versehentlich einen Tag zu früh geschickt. Ich erklärte die Situation und entschuldigte mich für meinen unpassenden Aufzug, immerhin wohne ich ja auch hier und hätte gerade Freizeit. Da trat der feine Herr auf mich zu und meinte mit einem verklärten Lächeln: »But – you are world-famous!«

Ganz privat Diese kleine Geschichte, die ich immer wieder gern erzähle und die auch auf Facebook Furore machte, symbolisiert die zwei Seiten der Medaille. Ja, ein Betrieb, vor allem ein Gastronomiebetrieb im Privathaus, das ist in vielerlei Hinsicht ein Grenzgang. Die Trennlinie zwischen Privatem und Beruflichem ist oft unscharf, und es bedarf einiger Disziplin, in diesem Umfeld die erforderliche Professionalität umzusetzen und dabei sein Zuhause auch immer noch als Daheim zu empfinden. Auf der anderen Seite jedoch empfange ich als Gastgeberin eine unglaubliche Fülle an Wärme und Begeisterung seitens meiner Gäste, die mich immer wieder abheben lassen. Diese Bindung hat sich gerade in den vergangenen Jahren – seit Erscheinen des ersten Buches – in einer großen Zahl an Fans und Stammgästen manifestiert.

Meine Lieferanten Aber auch die Zusammenarbeit mit kleinen, feinen Lieferanten, hinter denen interessante Menschen mit Mut und Handschlagqualität stehen und deren Produkte ich als Kostbarkeiten betrachte, bietet ein Potenzial für große Euphorie. Seit der ersten Stunde gehören die Weine meines Exklusiv-Weinbaubetriebs, Familie Alois Gangl aus Illmitz (Burgenland), untrennbar zur »the Dining Room«-Philosophie. Wir vertrauen einander blind. Nur auf einen einzigen Winzer zu bauen, auch das mag eine mutige Entscheidung gewesen sein, aber sie ist voll aufgegangen. Manchmal zählt eben einfach Tiefe mehr als Breite. Eine ähnliche Entscheidung habe ich im September 2012 getroffen, als ich mich bewusst für einen – einen einzigen – Bio-Süßwasserfisch entschieden habe, allerdings einen der besten Österreichs: die Schwarzauer Bergforelle. Zweimal wöchentlich von Matthias Eberhardt persönlich und ohne Umwege direkt vom mit Bergflusswasser durchfluteten Becken in den Voralpen an meine Haustüre geliefert, baue ich nun stets das Hauptgericht rund um diesen wunderbaren Fisch. Weitere Lieblingslieferanten sind zum Beispiel Heimo Karner von den Bundesgärten Schönbrunn, von dem ich Zitrusfrüchte frisch vom Baum beziehen darf, aber auch Monika Liehl vom Ziegenhof »Ziegenliebe«, mit der sich nach langem Suchen eine adäquate Quelle für meinen geliebten, viel verwendeten Ziegenfrischkäse aufgetan hat. Und dass mein magisches Olivenöl von »La Casellina« stammt, versteht sich ja eigentlich sowieso von selbst.

Auch das nette Ehepaar aus den USA – das tatsächlich am darauffolgenden Tag wie vereinbart zum Dinner kam – hat sich an diesen Genüssen delektiert, umarmte mich beim Abschied und fuhr letztlich auch noch ein drittes Mal bei meinem Haus vor, um das vergessene Mobiltelefon abzuholen. Und vielleicht darf ich sie ja wieder einmal begrüßen – in ihrem »home away from home«, wie sie es nannten.

Abheben

Den Augenblick immer als den höchsten Brennpunkt der Existenz, auf den die ganze Vergangenheit nur vorbereitete, ansehen und genießen, das würde Leben heißen.

Friedrich Hebbel

Lungomare

Stellvertretend für alle Frontline-Fans Gabriele Wirkner-Jenic und Erika Authried gewidmet, mit denen ich – nicht nur – meine ersten Cooking Classes bestritten habe. Gabriele Wirkner-Jenic war stets die Erste, egal ob es sich um die Bestellung der brandneuen Dinner Box oder dieses Buches handelte. Und Erika und Georg Authried buchen verlässlich ihren »Mini-Genussurlaub«, wie sie es selbst beschreiben, wann immer sie von Dänemark auf Stopover ins heimatliche Wien kommen. Fans wie sie sind ein unverzichtbares Herzstück für »the Dining Room«.

A

uf einer der alten Filmspulen meines Mannes, die ich dem österreichischen Filmarchiv überantwortete, sind – datiert Ende der Zwanzigerjahre – Szenen eines Familienurlaubs in Abbazia zu sehen, das Kind im Mittelpunkt fein im Matrosenanzug herausgeputzt. Doch nicht nur Wiener schienen damals, nach dem Ausbau der Südbahn, das heutige, nun zu Kroatien gehörige Opatija als ihre Riviera zu beanspruchen. Auch in Anna Del Contes Augen vermag der Name ein Glitzern zu zaubern. In ihren Kindertagen war Abbazia ebenso für noble Mailänder Familien ein angesagter Kurort, zumal er in der Zwischenkriegszeit unter italienischer Flagge war.

Seitenwechsel Parallel zu meiner Faszination für diese Gegend ergab es sich, dass ich vor einigen Jahren Martina Riedl und Arthur Berger, die Führungscrew des bekannten Hotels Miramar in Opatija, kennenlernte. Im Laufe der Jahre entwickelte sich zu der engagierten Direktorin und ihrem kongenialen Küchenchef ein herzlicher Kontakt. Es war daher wirklich an der Zeit, einmal die Seite zu wechseln! So bin ich Anfang Oktober 2013 auf der Fahrt in den Süden erstmals in die andere Richtung abgebogen: nicht wie sonst Richtung Venedig, sondern Triest, und weiter quer durch Istrien nach Opatija. Und habe die vielleicht schönste Seite der Adria entdeckt, deren Quintessenz für mich »Lungomare« heißt.

Zwölf volle Kilometer erstreckt sich in der Kvarner Bucht entlang des pittoresken, felsigen Ufers zwischen Lovran und Opatija bis zum kleinen Fischerhafen von Volosko eine durchgehende Promenade.

Wahrlich ein »Weltwunder an Demokratie«, wie ich finde, denn dieser fein säuberlich gepflasterte, mit hübschen schmiedeeisernen Gittern gesicherte und gut instandgehaltene Spazierweg nimmt auch bei den schönsten Hotels keinen Umweg, sondern trennt sie konsequent von ihren privaten kleinen Seebädern, die unterhalb auf den meerumspülten Felsen liegen.

An einem klaren, weil windigen Bilderbuchtag ließ ich mich mit dem Taxi nach Lovran bringen, um eine Illusion Wirklichkeit werden zu lassen: die gesamte Strecke des Lungomare entlangzugehen, zumindest bis zum Hotel Miramar zurück, das schon nahe dem Endpunkt Volosko liegt. In der noch warmen Nachmittagssonne, die idyllisch durch die alten Bäume und dichten Lorbeerbüsche blinzelte, machte ich mich auf den langen Weg. Größere Touristenscharen waren nur an ganz wenigen zentralen Kreuzungspunkten zu umschiffen, oft war ich ganz allein unterwegs. Auch die zahlreichen ausladenden Sitzbänke an den Aussichtspunkten waren nur spärlich mit Wanderern im sportlichen Outfit oder bereits in Mäntel eingepackten Senioren besetzt. Am anderen Ufer der Bucht leuchtete der Hafen von Rijeka, davor hatte ein großes Kreuzfahrtschiff festgemacht. Wohl Dutzende Male kämpfte sich ein kleines Beiboot durch die windgepeitschten Wellen, um offensichtlich alle Passagiere zurück an Bord zu bringen. Während ich länger damit zubrachte, hier eine der vorbildlich restaurierten Villen im venezianischen Stil zu betrachten, dort die Ausfahrt eines mit riesigen Netzen hantierenden Fischers zu beobachten, hatte das mächtige Schiff auch bereits die Anker gelichtet.

Pittoreske Naturkulisse Als ich am Lido von Opatija ankam, stand die Sonne schon tief, und die bewegten Wellen in der Bucht funkelten im Gegenlicht. Diesen Teil des Lungomare hatte ich schon zuvor erkundet und freute mich, die mir nun bereits vertraute Silhouette der Skulptur »Mädchen mit der Möwe« wiederzusehen. Von dort sind es nur noch ein paar Schritte bis zur »Villa Angiolina« mit ihrem Park voller exotischer Pflanzen, der Wiege des Abbazia-Tourismus. Ein Geschäftsmann aus Rijeka kaufte sie 1844 noch zu einem günstigen Preis und verwandelte sie in ein großzügiges Haus, in das er persönliche Freunde einlud, die Vorzüge von mediterranem Klima und Lebensgefühl zu genießen. Bald folgten viele Persönlichkeiten aus der gesamten Monarchie und Mitglieder des Kaiserhauses. Ohne ihn wäre die Geschichte dieses Küstenortes mit seinen in eine pittoreske Naturkulisse hineingesetzten Pensionen, Sanatorien, Bädern, Bühnen und Büsten wohl ganz anders verlaufen.

Die genussvollen Stunden, während derer ich an diesem so glitzernden Herbsttag entlang des oft als »Kamelienküste« bezeichneten Adriaufers spazierte, wurden für mich zu einem Moment des Abhebens, einem Brennpunkt. Herrliche Ausblicke, spannende Einblicke zwischen k. u. k. Nostalgie und kommunistischen Reminiszenzen, aber auch Zeugnisse eines neuen Aufbruchs inmitten dieser einzigartigen Landschaft sehe ich immer noch wie einen Film vor meinem inneren Auge vorbeiziehen.

Lungomare
Das Dinner

Artischocken
in Milch geschmort

Pikantes Tintenfischragout
mit Kartoffeln und Paprika

Flaumige Grießknödel
mit Butterbröseln

Artischocken in Milch geschmort

Artischocken sind ein mediterranes Gemüse par excellence. Wieder einmal habe ich durch Anna die für mich ultimative Zubereitung entdeckt.

8 große oder die entsprechende Menge kleinerer Artischocken
4 EL Olivenöl extra vergine
1 Knoblauchzehe, fein gehackt
4 EL Petersilie, grob geschnitten
(Küchenschere verwenden!)
Meersalz, frisch gemahlener schwarzer Pfeffer
2 TL Universalmehl
1 Schuss fruchtiger Weiß- oder Roséwein
ca. 150 ml Milch

Saft von 1 Zitrone zum Säuern

Den Zitronensaft in einer großen Schüssel mit genügend Wasser vermischen.

Von den Artischocken die Stiele bis knapp unter dem Boden sowie die stacheligen Spitzen mit einem Sägemesser abschneiden. Die äußeren Blätter großzügig entfernen, die Artischocken je nach Größe vierteln bis achteln. Im Inneren befindliches Heu (bei sehr jungen Artischocken meist noch nicht vorhanden) sorgfältig entfernen. Die auf diese Weise zugeputzten Artischocken bis zur Weiterverarbeitung in das gesäuerte Wasser legen.

Das Olivenöl in einem Schmortopf erhitzen. Die Artischocken abgießen, etwas trocken tupfen und im heißen Öl circa 5 Minuten von allen Seiten kurz scharf anbraten. Knoblauch und Petersilie einstreuen, würzen und alles gut vermischen. Mit dem Mehl bestäuben und durchrühren. Sobald die Artischocken am Topfboden beginnen festzubacken, mit dem Wein ablöschen und kurz einkochen lassen.

Dann nach und nach die Milch angießen. Die Artischocken sollten nicht in der Milch schwimmen, sondern lediglich gleichmäßig von einem Milchfilm überzogen sein, da sie später beim Schmoren noch genügend Saft ziehen. Nochmals alles sanft aufkochen lassen, dann den Deckel auflegen.

Die Artischocken im vorgeheizten Backofen (150 Grad Umluft) circa 30 Minuten schmoren, bis sie weich sind. Die Zeit kann je nach Größe und Alter der Artischocken stark variieren, daher immer wieder mithilfe eines kleinen scharfen Messers die Konsistenz kontrollieren.

Die geschmorten Artischocken bei Zimmertemperatur mit viel gutem Weißbrot zum Dippen des köstlichen Saftes servieren – oder aber als Beilage zu Fisch oder Fleisch kombinieren.

Pikantes Tintenfischragout

mit Kartoffeln und Paprika

Bei Arthur Berger in Opatija habe ich eines der besten Gerichte mit Meeresfrüchten meines Lebens genossen. Dabei ist mir auch wieder dieses Rezept in den Sinn gekommen, das ich schon oft zubereitet habe und alle heiß lieben, die – so wie ich – Tintenfisch mögen.

2–3 EL Olivenöl extra vergine
1 rote Chilischote, Kerne und Scheidewände entfernt, sehr fein gehackt
ca. 1 kg küchenfertige Tintenfischtuben, in Ringe geschnitten
8–10 mittelgroße Kartoffeln, geschält, in ca. 2 x 2 cm Würfeln geschnitten
2 EL Kräuter nach Belieben, z. B. Thymian oder Rosmarin
je 2 rote und gelbe Paprika, Kerne und Scheidewände entfernt, in etwa 2 x 2 cm Quadrate geschnitten
1 Schuss trockener Weißwein
ca. 1 l Tomatensugo *(siehe Seite 102)*
1 Lorbeerblatt
Meersalz, frisch gemahlener schwarzer Pfeffer

Das Olivenöl in einem schweren Topf erhitzen und mit dem Chili würzen, die Tintenfischringe beifügen und rundum anbraten. Die Kartoffelwürfel zusammen mit den Kräutern und einer Prise Salz untermischen und mitrösten. Die Paprikastücke, ebenfalls mit einer Prise Salz (stabilisiert Farbe und Vitamine!), zufügen.

Sobald alles gründlich durchgemischt und angebraten ist, mit dem Wein ablöschen und mit dem Tomatensugo angießen. Das Lorbeerblatt beifügen. Alles einmal aufkochen lassen, dann die Hitze reduzieren und das Ragout nicht zugedeckt so lange köcheln lassen, bis die Tintenfischringe schmelzend weich und die Kartoffeln gar sind und daher auch die eingekochte Flüssigkeit gut gebunden haben. Das Lorbeerblatt entfernen und das Ragout eventuell noch mit Salz und Pfeffer nachwürzen.

Dieses pikante, wärmende Ragout schmeckt am besten aufgewärmt. Es lässt sich übrigens auch gut heiß in Schraubgläser füllen und bis zu 1 Woche im Kühlschrank aufbewahren.

HINWEIS

Falls Sie die Kamelienküste besuchen, vergessen Sie nicht, einen großen Bund frisch gepflücktes Lorbeerlaub für Ihre Küche mitzunehmen. Getrocknet in einem Schraubglas aufbewahrt, reichen gekaufte Lorbeerblätter keinesfalls an ihre Würzigkeit heran. Selbstverständlich ganz abgesehen vom nostalgischen Erinnerungswert.

Flaumige Grießknödel mit Butterbröseln

Zu Abbazia passt ein Hauch k. u. k. Küche und daher eine warme Mehlspeise. Dieses Rezept ist eines von Arthur Bergers Lieblingsgerichten, das ihn wohl auch an seine Osttiroler Heimat erinnert. Ich durfte es seinem eigenen, sehr empfehlenswerten Kochbuch entnehmen!

Grießknödel

1 l Milch
200 g Butter
80 g Feinkristallzucker
Mark von 2 Vanilleschoten
1 Prise Salz
240 g Grieß
4 Eier
fein abgeriebene Schale von 1 Biozitrone

Butterbrösel

100 g Butter
300 g sehr feine Weißbrotbrösel
(im Original: Briochebrösel)
1 TL Vanillezucker
20 g Staub- bzw. Puderzucker
1 EL Honig
40 g Mandeln, fein gerieben
20 g Walnüsse, fein gehackt
1 TL fein abgeriebene Schale von 1 Biozitrone
1 TL fein abgeriebene Schale von 1 Bioorange
1 Msp. Zimtpulver

1 gehäufter TL Salz für das Kochwasser
Eisportionierer zum Formen *(falls vorhanden)*
Staub- bzw. Puderzucker zum Bestreuen

HINWEIS

Dieses Rezept ergibt circa 32 kleine Knödel, das entspricht 8 Portionen eines süßen Hauptgerichts, wie es auch heute noch in Österreich gerne nach einer gehaltvollen Suppe serviert wird. Als reines Dessert sind zumeist 2 Stück pro Person ausreichend. Das Rezept eignet sich sogar für ein Dessertbuffet, da die Knödel dank ihrer flaumigen Konsistenz auch noch bei Zimmertemperatur auf der Zunge zergehen.

Für die Grießknödel die Milch mit der Butter, dem Zucker, dem Vanillemark und der Prise Salz aufkochen. Den Grieß einrieseln lassen und bei mittlerer Hitze so lange rühren, bis sich die Masse vom Topfboden löst. Vom Herd ziehen, quellen und etwas abkühlen lassen.

Den noch warmen Teig in einer Schüssel nach und nach mit den Eiern und der Zitronenschale verrühren. Unter gelegentlichem Umrühren komplett abkühlen lassen, bis eine geschmeidige Knödelmasse entstanden ist.

In einem großen Topf reichlich Wasser mit einem gehäuften Teelöffel Salz zum Kochen bringen. Die Hitze herunterschalten. Mit feuchten Händen (oder mithilfe eines Eisportionierers) Knödel mit circa 5 cm Durchmesser formen und 12 Minuten im nur leicht simmernden Wasser ziehen lassen, auch wenn sie bereits an der Oberfläche schwimmen.

Währenddessen für die Brösel die Butter in einer Kasserolle aufschäumen, alle anderen Zutaten untermischen und unter ständigem Rühren goldbraun rösten. Die abgetropften Grießknödel mit den Butterbröseln und mit Staubzucker bestreut servieren. Dazu nach Belieben Kompott oder Röster reichen.

Karnischer Herbst

Gewidmet meiner langjährigen und lieben Mitarbeiterin Karin Stornig, die mit mir gemeinsam unzählige Dinnerabende bestritten hat. Karin ist Kärntnerin und hat sich in bewundernswerter Weise ihr Studium der Ernährungswissenschaften in Wien selbst finanziert. Mit der ihr eigenen Zielstrebigkeit wird sie sicherlich ihren Weg gehen, und ich bin glücklich, dass ich sie dabei ein Stück begleiten durfte.

Ich liebe den Lauf der Jahreszeiten und die Veränderungen, die sie mit sich bringen. Aber kaum eine Zeit kann meine Seele so sehr berühren wie der Herbst. Beinahe 25 Jahre meines Lebens habe ich mich mit Licht und Schatten, dem Zusammenhang von Farbe und Licht sowie den Gesetzmäßigkeiten der Wahrnehmung auseinandergesetzt. Diese stete Beschäftigung mit dem Bild hat mein Auge dahingehend geschult, Details zu sehen, an denen andere vielleicht oft achtlos vorübergehen. Kaum eine Zeitspanne ist so reich an solch spannenden Momenten wie eben der Herbst. Das macht das schräg einfallende Licht, das Gegenlicht, das in Zusammenhang mit leichtem Dunst oder gar Nebel und einem hohen Kontrastumfang von Licht und Schatten ganz außergewöhnliche Stimmungen webt.

Ein Hauch Méditerranée Oft ist es jedoch nur ein kleines Zeitfenster, in dem die Färbung an ihrem Höhepunkt angelangt ist und das Wetter passt, kurz bevor ein Herbststurm oder ein Regen die fragile Pracht endgültig zunichtemacht. Als ich im Herbst 2012 nach Kötschach-Mauthen in Oberkärnten reiste, um ein Kochseminar bei meinen Freunden Sissy und Stefanie Sonnleitner zu besuchen und mehr über das Krendeln von Kasnudeln und das fachgerechte Zerlegen eines Rehs zu erfahren, da hatte ich genau dieses erforderliche Quäntchen Glück. Denn vor Beginn des Seminars war noch Zeit zur Verfügung, die alles bot, um in zwei meiner allerschönsten Herbsterlebnisse einzutauchen.

Karnien (ital. Carnia) ist dort, wo sich Oberkärnten und Osttirol mit dem Friaul treffen, wo Alpines bereits von einem Hauch mediterranem Lebensgefühl berührt wird. Hier besitzt das Wort »Grenzübergang« eine ganz andere Intensität als im weiten Kanaltal jenseits von Villach, wo sich die stark befahrene Autostrada Richtung Süden schlängelt.

Das Dorf der Uhren Doch diesmal bin ich nach der Überquerung des Passes noch vor Tolmezzo in eines der »vergessenen Täler« Friauls abgebogen, das Val Pesarina. Entlang selten befahrener Landstraßen leuchteten die Bäume in allen erdenklichen Schattierungen von Gelb und Rot, und jeder kleine Windhauch ließ ein wenig von dieser Pracht malerisch zu Boden segeln. Die Wälder auf den steilen Südhängen der Karnischen Alpen erschienen vom Rot der Buchen wie entflammt. Und dann lag plötzlich ein kleiner schmucker Ort vor mir, eingebettet in ein enges Tal: Pesariis, »Il Paese degli Orologi« – das Dorf der Uhren.

Ich parkte meinen Wagen an einem verlassenen Parkplatz am Ortsanfang – direkt neben einer überdimensionalen »Klappzahlenuhr«. Solche Uhren, die wohl auch heute noch auf Abertausenden Bahn- und Flughäfen nach jeder Minute ihr unverkennbares Klappern vernehmen lassen, sind in einem hier ansässigen Betrieb erfunden und in die weite Welt exportiert worden. Ich spazierte weiter durch die kleinen Straßen und kam aus dem Staunen nicht heraus. Pesariis besitzt nicht nur ein Uhrenmuseum, sondern dieses Schmuckstück von einem Dörfchen ist per se ein solches. Wie in einer Art Freilichtmuseum trifft der Besucher zwischen den gepflegten Häusern auf Sonnenuhren, Wasseruhren, Uhren mit Glockenspiel und sogar eine riesige astronomische Uhr – eine Referenz an die jahrhundertelange Tradition der Uhrenherstellung in diesem Tal.

Intensive Farbenspiele Mein zweites, ebenso unvergessliches Erlebnis dieser goldenen Herbsttage: ein Spaziergang entlang des nur durch eine 17 Kilometer lange Stichstraße erreichbare einsame Ostufer des Weißensees. Es war schon Nachmittag und die Sonne stand so tief, dass ihre Strahlen nicht mehr das gegenüberliegende Ufer, sondern nur vereinzelte hohe Baumwipfel erreichten. In der noch wärmenden Sonne auf meiner Seite des Sees lief ich, meinen (wie immer, wenn wir nahe am Wasser sind) aufgekratzten Golden Retriever Gino fest an der kurzen Leine, einen schmalen Weg direkt am Wasser entlang. Gegen Westen ragten majestätisch die Gipfel der Lienzer Dolomiten auf, davor spiegelten sich, wie in einem Bilderbuch, die gefärbten Laubbäume im völlig stillen Wasser. Selten noch habe ich solche intensiven Farben erlebt – das Grün und Blau des Wassers, die flammenden Gelb- und Rottöne der mich umgebenden Bäume und Sträucher im Gegenlicht der langsam hinter den Uferhängen versinkenden Sonne.

Mag sein, dass ich den Herbst auch deshalb immer intensiver erlebe, weil er mir das Ticken der Zeit spürbar macht. Je weiter das Jahr fortschreitet, desto mehr sind wir aufgerufen, jeden kostbaren Augenblick aufzunehmen, zu genießen, festzuhalten.

4 5 6 7 8 9 10 11 12 13 14 15 16

Karnischer Herbst

Das Dinner

Räucherkäseroulade

mit Fenchel-Birnen-Salat
und Haselnüssen

Bergforellenfilet

auf Heidelbeerrotkraut
und Steinpilzpolenta

Torta al Limone

Räucherkäseroulade

mit Fenchel-Birnen-Salat und Haselnüssen

Die Roulade sowie die Haselnussbirne sind Klassiker in meinem Repertoire, die immer wieder neu variiert werden. Ergänzt wurden sie durch das Fenchelsalatrezept von Arthur Berger.

Roulade

(für ca. 12 Stück; nicht benötigte Portionen anderweitig verwenden oder einfrieren)
150 g Butter
120 g Universalmehl
4 Eier, getrennt
500 ml Milch
½ TL Kräutersalz
Salz und frisch gemahlener schwarzer Pfeffer

Füllung

250 g Scamorza *(geräucherter Ricotta)*
250 g Ricotta
100 g Bröseltopfen *(Krümelquark)*
1 TL Honig
1 Msp. Pimenton de la Vera *(Räucherpaprika)*
Salz und frisch gemahlener schwarzer Pfeffer

Fenchel-Birnen-Salat

2 Fenchelknollen, ohne Strunk, in feinen Streifen
1 Prise Salz
frisch gemahlener schwarzer Pfeffer
1 Prise Safranfäden
1 Spritzer trockener Weißwein
2 Birnen, geschält, in Spalten
1 Schuss Haushaltsessig zum Säuern
50 g Haselnüsse, frisch gerieben
½ TL Lebkuchengewürz

Den Backofen vorheizen (180 Grad Ober-/Unterhitze). Die Butter in einer Kasserolle schmelzen. Das Mehl gründlich unterrühren und würzen. Die Milch langsam hinzufügen und aufkochen, bis die Masse bindet und sich vom Topfboden löst.

Den Teig in einer Schüssel etwas abkühlen lassen, dann die Eigelbe nacheinander kräftig unterrühren. Die Eiweiße mit einer Prise Salz steif schlagen und unterheben. Die Masse auf einem mit Backpapier ausgelegten Backblech gleichmäßig verteilen (wie bei einer Biskuitroulade) und goldbraun backen, bis sie sich leicht abheben lässt. Inzwischen die Fülle vorbereiten. Den Scamorza reiben und mit allen anderen Zutaten mischen. Die fertig gebackene Teigplatte umgehend auf ein leicht befeuchtetes Küchentuch stürzen, mit der Fülle bestreichen und aufrollen. Die Rolle noch etwa 10 Minuten im ausgeschalteten Backofen nachziehen lassen. Vor dem Aufschneiden 1 bis 2 Stunden in den Kühlschrank stellen.

Für den Salat die Fenchelstreifen mit Salz, Pfeffer, Safran und Weißwein mischen und etwas ziehen lassen, bis sie geschmeidig sind.

Die Birnenspalten in eine Schüssel mit gesäuertem Wasser legen. Abtupfen und auf einem Backblech auslegen, mit den geriebenen Haselnüssen und dem Lebkuchengewürz bestreuen und im vorgeheizten Backofen (180 Grad Umluft) garen, bis sie weich und die Haselnüsse leicht gebräunt sind.

Portionsstücke vor dem Servieren im Backofen (80 Grad Umluft) leicht erwärmen und zusammen mit dem Fenchelsalat und den Birnenspalten anrichten.

Bergforellenfilet auf Heidelbeerrotkraut und Steinpilzpolenta

Sissy Sonnleitner und ich schätzen gleichermaßen die kreative Aromenküche der Schweizer Topköchin Tanja Grandits, Autorin wegweisender Kochbücher mit pfiffigen Rezepten wie dem hier verwendeten Heidelbeerrotkraut. Ein Besuch in ihrem Basler Restaurant steht auf unserer Wunschliste.

4 küchenfertige Forellenfilets, halbiert
2 EL Gewürzöl *(siehe Seite 59)*
8 kleine Thymianzweige

Heidelbeerrotkraut

800 g Rotkraut, fein geraspelt
100 g Heidelbeeren, püriert
40 ml Himbeeressig
8 ml Sojasoße
20 g Feinkristallzucker
1 Prise Salz
1 kleiner Sternanis
½ TL Koriandersamen
¾ TL Kreuzkümmel
1 Prise Zimtpulver
1 TL fein abgeriebene Schale von 1 Bioorange

Steinpilzpolenta

450 ml Milch
30 g Butter
Salz und frisch geriebener schwarzer Pfeffer
1 Prise Muskatnuss, frisch gerieben
100 g Polentamehl
1 Eigelb
25 g Parmesan, frisch gerieben
8 hübsche Steinpilzscheibchen *(ca. 150 g)*

eventuell Parmesan zum Bestreuen

HINWEIS

Wenn Sie etwas mehr Aufwand nicht scheuen, bereiten Sie einen cremigen Sockel für das Rotkraut vor: 500 g geschälte Petersilienwurzel im Salzwasser weich kochen und zusammen mit 100 g Heidelbeeren, 2 TL Balsamico, 1 Msp. Lebkuchengewürz und 1 bis 2 TL braunem Zucker pürieren.

Die Forellenfilets auf einem Backblech auslegen und mit dem Würzöl marinieren. Bis zur Weiterverwendung kühl stellen.

Für das Rotkraut den Sternanis mit dem Koriander und Kreuzkümmel fein mörsern, mit allen anderen Zutaten vermischen, damit das Rotkraut marinieren und einige Stunden im Kühlschrank ziehen lassen.

Für die Polenta die Milch mit der Butter und den Gewürzen aufkochen, das Polentamehl einrieseln und 10 Minuten köcheln lassen. Etwas abkühlen lassen, Eigelb und Parmesan einrühren und die Masse am besten gleich mittels Servierringen (oder Silikonförmchen) portionieren. Auf jede Portion ein hübsches Steinpilzscheibchen setzen, eventuell mit etwas Parmesan bestreuen und im vorgeheizten Backofen (180 Grad Ober-/Unterhitze) goldbraun backen, warm stellen, die Ofenhitze reduzieren.

Die Fischfilets rechtzeitig Zimmertemperatur annehmen lassen und im Kombidämpfer (110 Grad Umluft, 50 % Dampf) 8 bis10 Minuten, im konventionellen Backofen (150 Grad Umluft) abgedeckt 12 bis 15 Minuten garen.

Polenta und Bergforellenfilets mit dem marinierten Rotkraut auf vorgewärmten Tellern anrichten.

Torta al Limone

Die Winter im Schatten des Plöcken sind oft lang und schneereich. Dann kann es schon passieren, dass Sissy und Stefanie Sonnleitner in ihrer Küchenplanung ein wenig der Sehnsucht nach südlicher Sonne, nach Zitronenfrische und einem Hauch Amalfiküste frönen.

Für eine Tarte mit 28 cm Durchmesser
(für etwa 12 Stück)

Mürbeteig

200 g Universalmehl
100 g Butter
75 g Staub- bzw. Puderzucker
1 Eigelb
Prise Salz
ca. 2 EL Eiswasser

Mehl zum Verarbeiten
1 Eiweiß zum „Versiegeln"

Füllung

4 Eigelb
200 g Staub- bzw. Puderzucker
fein abgeriebene Schale und Saft von 2 Biozitronen, vorzugsweise von der Amalfiküste
200 g Crème fraîche
4 Blatt Gelatine
250 ml Schlagobers *(Schlagsahne)*

HINWEIS

Diese duftige Zitronencreme macht auch per se – zum Beispiel im Glas serviert und mit Früchten ergänzt – eine absolut gute Figur. Und die Crème fraîche akzeptieren wir in diesem Fall augenzwinkernd als französischen Beitrag zum besonders feinen Ergebnis.

Alle Zutaten für den Mürbeteig mit kalten Händen oder in der Küchenmaschine rasch verkneten. Den Teig ausrollen und gleichmäßig in eine gefettete und bemehlte Tortenform drücken, dabei einen Rand von circa 2 cm hochziehen. Mithilfe einer Gabel den Rand gut andrücken, den Teigboden mehrmals einstechen und die befüllte Form 30 Minuten in den Kühlschrank stellen.

Dann im vorgeheizten Backofen (160 Grad Ober-/Unterhitze) goldbraun backen. Noch heiß gleichmäßig mit dem Eiweiß bepinseln (das verhindert nachher das Durchfeuchten) und auskühlen lassen.

Für die Füllung die Eigelbe mit der Hälfte des Zuckers und der fein abgeriebenen Zitronenschale zu einer hellen Creme aufschlagen, bis sich der Zucker aufgelöst hat. Die Crème fraîche unterheben.

Den Zitronensaft in einem kleinen Topf erwärmen, die eingeweichten Gelatineblätter darin auflösen und unter kräftigem Schlagen unter die Eiercreme mixen. Anschließend in den Kühlschrank stellen, bis die Creme leicht gestockt ist.

Dann erst das Obers steif schlagen, unter die leicht gestockte Eiercreme ziehen und damit den vorgebackenen Mürbeteig füllen. Eventuell mit der Gabel ein hübsches Muster ziehen und die Torte vor dem Aufschneiden mindestens 2 Stunden in den Kühlschrank stellen.

Sie können aus den gleichen Zutaten auch 16 Tartelettes (à circa 6,5 cm Durchmesser/Teigkreise à 9 cm) herstellen, die sich perfekt als Fingerfood eignen.

Ispirazione

Dem deutschen Fotografen Eckhard Waasmann, dessen Fotoband »Venedig im Winter« für mich zur Benchmark wurde, und seiner Gattin Andrea gewidmet. Wir kamen ins Reden, sie reisten spontan an, produzierten eine Dinner-Fotostrecke und entpuppten sich als mein Dreamteam für die Umsetzung der Rezeptfotos. Aus gegenseitiger Inspiration entstand Freundschaft – und ein hoher Mehrwert für dieses Buchprojekt.

Ich steuerte meinen Wagen die enge kurvige Straße hinauf. Kurz konnte ich einen Blick auf die markante Kuppel von San Biago erhaschen, um die nach dem starken Regen des Nachmittags noch letzte Nebelschwaden wogten. Im Westen, Richtung Pienza, wurde noch das allerletzte Licht des Tages in einem schmalen hellen Streifen am Horizont reflektiert. Im Osten hingegen erschienen die kleinen Ansiedlungen im Tal schon als schwach beleuchtete Boote in einem dunklen Meer. Hier, in Montepulciano, wollte ich meinen diesjährigen Abschiedsspaziergang unternehmen.

Autos und Passanten waren an diesem frischen, sternenklaren Abend nur ganz vereinzelt unterwegs, sodass ich ausnahmsweise sogar die letzte Parkmöglichkeit vor dem »Centro Storico« anfahren konnte. Von dort waren es dann nur noch wenige Schritte bis zur Piazza Grande mit dem Dom und dem Rathaus, das wie eine verkleinerte Version des Palazzo Vecchio zu Florenz wirkt. Die dezente Beleuchtung ließ sowohl das grobe, unregelmäßige Pflaster als auch die Fassaden noch plastischer, ja beinahe als Traumkulisse erscheinen. Ich drehte mich einmal um mich selbst – und staunte. Dieser Platz, wohl einer der schönsten in der an schönen Plätzen so reichen Toskana, gehörte für diesen Moment augenscheinlich mir ganz allein. Anders als während des Tages, wenn hier pralles Leben und quirlige Geschäftigkeit zugange sind, war er jetzt purer Ausdruck von Zeitlosigkeit. Denn – abgesehen von der Beleuchtung – hat es hier vor 500 Jahren wohl kaum anders ausgesehen.

Wie Perlen einer Kette Durch die engen, oft tunnelartigen Durchgänge, die sogenannten Vicoli, stieg ich steil zum Corso, der Hauptstraße, hinunter. Dabei ließ ich meine Gedanken schweifen und die zurückliegenden Tage vor meinem inneren Auge Revue passieren. Wie Perlen an einer Kette erschienen mir all die unwiederbringlichen Begegnungen, Erfahrungen und auch so manch überraschende Entdeckung während meiner meditativen Spaziergänge mit offenen Augen und gezückter Fotokamera. So etwa in dem kleinen Borgo Rocca d'Orcia, der angeblich fünfzig Seelen beheimatet und mir doch wie im Dornröschenschlaf erschienen war. In seiner Mitte war ich auf den schönsten Dorfbrunnen gestoßen, den ich je gesehen hatte: ein Schmuckstück aus dem 13. Jahrhundert mit einer filigranen, harmonisch geschwungenen schmiedeeisernen Krone, das auf einem beeindruckenden Felsplateau sitzt. Wie ich später in Erfahrung brachte, hatte an die-

sem Ort der Überlieferung nach die heilige Caterina von Siena Lesen und Schreiben gelernt. Einer ihrer Leitsprüche lautete unumwunden: »Die Stunde ist kostbar. Warte nicht auf eine spätere Gelegenheit.«

Ein schweres, hölzernes Eingangstor, halb offen stehend, holte mich aus meinen Erinnerungen zurück ins abendliche Montepulciano. Ich spähte hinein und sah abgestellte Kinderwägen und Dreiräder, und von Weitem war der Ton eines Fernsehgeräts zu vernehmen. Weiter um die Ecke hörte ich wiederum aus dem ersten Stock eines in Jahrhunderten ehrenvoll ergrauten Palazzos fröhliches Stimmengewirr – und Tanzmusik. Hier stieg offenbar gerade ein Fest! Welch tröstliches Gefühl, dass nach Jahren des Verfalls durch die mutige Initiative einiger neu hinzugezogener Bewohner, unter ihnen federführend ein deutscher Musiker, Montepulciano revitalisiert werden konnte und nun wieder eine von Leben erfüllte Bühne – und nicht lediglich eine Kulisse für Touristen – darstellt.

Der junge Meister In diesen Gedanken versunken machte ich kehrt und stand vor dem jetzt geschlossenen Laden mit der Aufschrift »Ferro Battuto« – Schmiedeeisen, einem Material, das in mir etwas in Schwingung zu versetzen vermag. Hier hatte ich erst wenige Tage zuvor kräftig »zugeschlagen«. Als ich all die archaisch handgefertigten, für das neue Genussatelier bestimmten Schmuckstücke ins Auto verstaut hatte, war plötzlich der junge Meister auf der Bildfläche erschienen. In seinem von dunklen Locken umrahmten Gesicht blitzte dieses sanfte, offene Lächeln auf, das ich an den Toskanern so sehr liebe. Und er drückte mir – als Geschenk! – eine selbst gefertigte Travertinschale in Form einer Margeritenblüte in die Hand. Doch bevor ich, überwältig von dieser herzlichen Geste, die passenden italienischen Vokabeln in meinem Kopf zusammenbauen konnte, war er auch schon wieder im Dunkel der Werkstatt verschwunden.

Langsam ging, nein, stieg ich wieder den Corso hinauf und nahm euphorisch all diese berückenden Impressionen in mich auf. Sie verschmolzen mit Erinnerungen an herzerwärmende Begegnungen, an atemberaubende Bilder der frühlingshaften Landschaft und an unzählige kulinarische und vinophile Entdeckungen, die ich noch lange nachschmecken würde können.

Wie die Sterne am klaren Nachthimmel erschienen mir all diese Momente voll Harmonie und Leichtigkeit, aus denen ich viel neue Inspiration schöpfen würde, wie aus einem kostbaren, alle Zeiten überdauernden Brunnen.

3
4

OPA

Ispirazione
Das Dinner

Mousse di Prosciutto Cotto
al Tartufo

Gnocchi alla Parigiana
mit Melonen-Gorgonzola-Spießchen

Zuppa Inglese
auf meine Art

Mousse di Prosciutto Cotto al Tartufo

Ein zeitloses Rezept aus einem von Anna Del Contes bereits vergriffenen Büchern. Sie hätte übrigens ihre wahre Freude an der überaus großzügigen Verwendung von Trüffel in meiner toskanischen Lieblingstrattoria.

300 g Beinschinken, ohne Fett
und Schwarte, in Scheiben
15 g Butter
1 EL Universalmehl
1 Spritzer Marsala
150 ml Milch
1–2 TL Trüffelpaste
125 ml Schlagobers *(Schlagsahne)*
frisch gemahlener schwarzer Pfeffer
wenig Salz (nur bei Bedarf)

Den Beinschinken in der Küchenmaschine (Messereinsatz) fein cuttern.

Die Butter in einer kleinen Kasserolle schmelzen, das Mehl einrühren und mit dem Marsala ablöschen. Langsam die Milch zugießen und alles zu einer dicken Béchamelsoße einkochen. Abkühlen lassen und mittels eines Teigschabers mit dem Beinschinken glatt mischen und mit der Trüffelpaste abschmecken.

Das Obers steif schlagen und gründlich unter die Schinkenmasse heben. Mit Pfeffer abschmecken, nur ganz wenig salzen, meist ist der Schinken salzig genug.

Die Mousse einige Stunden kühl stellen. Auf getoastetem Brot (Crostini) oder als »Nockerl« (Klößchen) ausgestochen zusammen mit Antipastigemüse servieren.

HINWEIS

Statt der Trüffelpaste eignet sich geschmacklich auch Kren *(Meerrettich)* ganz hervorragend!

Besonders gut lässt sich diese Mousse mit »Artischocken in Milch geschmort« *(siehe Seite 122)* und mit den »Kartoffelweckerln« *(siehe Seite 38)* kombinieren.

Attraktiv ist es natürlich, wenn sie die Mousse mit gehobelter Trüffel dekorieren. Es muss ja nicht gerade die sündteure Alba-Trüffel sein …

Gnocchi alla Parigiana
mit Melonen-Gorgonzola-Spießchen

Nach einem langen Tag in den engen Gassen und auf den weiten Hügeln der Toskana empfinde ich kaum etwas anheimelnder als einen dampfenden Teller flaumiger Gnocchi. Diese Brandteig-Gnocchi aus Annas Repertoire haben mich zu einer pikanten Kombination inspiriert.

375 ml Milch
150 g Butter
1 Prise Meersalz
275 g Universalmehl
1 Msp. frisch geriebene Muskatnuss
frisch gemahlener schwarzer Pfeffer
3 EL Parmesan oder Grana Padano, frisch gerieben
6 Eier

125 g Butter
ca. 10 g Zitronenthymianblättchen
1 Prise Salz
Parmesan zum Bestreuen

8 Holzspießchen
24 Stück Würfel *(ca. 2 x 2 cm)* oder Kugeln reifer Zuckermelone
16 Stück Würfel *(ca. 2 x 2 cm)* Gorgonzola oder Dolcelatte *(milder italienischer Blauschimmelkäse)*

Die Milch mit der Butter und der Prise Salz in einer Kasserolle aufkochen, kurz vom Herd ziehen, das Mehl hinzufügen und fest rühren. Zurück am Herd den Teig circa 3 Minuten kochen (»abbrennen«, daher Brandteig), bis sich der Teig als Klumpen vom Topfboden löst oder es leicht zischt.

Den Teig in eine Rührschüssel umfüllen, mit Muskatnuss, Pfeffer und Parmesan würzen und abkühlen lassen. Dann ein Ei nach dem anderen mit dem Handmixer oder der Küchenmaschine (Knethaken) sehr gründlich einrühren (insgesamt sollte die Rührzeit circa 10 Minuten betragen), bis der Teig seidig und glänzend ist.

Mithilfe eines Esslöffels Gnocchi abstechen und in 3 bis 4 Portionen im leicht siedenden Salzwasser garen. Sie steigen sofort hoch, sollten aber noch 1 bis 2 Minuten an der Oberfläche nachziehen.

Inzwischen in einer kleinen Kasserolle die Butter schmelzen, den Zitronenthymian sowie die Prise Salz beifügen und 2 bis 3 Minuten köcheln. Die Melonen- und Käsewürfel auf die Spießchen stecken.

Die Gnocchi mit der Thymianbutter beträufeln, mit etwas Parmesan bestreuen, mit den Spießchen garnieren und servieren.

HINWEIS

Als Variante können Sie die Gnocchi übrigens auch mit Salbeibutter oder einem Tomatensugo anrichten.

Die Gnocchi lassen sich durchaus auch im Voraus zubereiten. In dem Fall am besten nach dem Garen in eine Auflaufform setzen und mit etwas Olivenöl beträufeln. Vor dem Servieren abgedeckt im vorgeheizten Backofen bei 150 Grad Umluft (Kombidämpfer 130 Grad mit 50 % Dampf) erhitzen. Anrichten wie im Zubereitungstext beschrieben.

Zuppa Inglese auf meine Art

In der Osteria »La Porta« in Monticchiello bringt man mir zum Dessert schon fast automatisch das Portionsglas mit der geliebten »Zuppa Inglese«. Um die Vorfreude auf das nächste Mal zu bewahren, habe ich in meiner Wiener Küche eine eigene Variante entwickelt.

Kompott

500 g Himbeerrhabarber, geschält, gewürfelt
150 g Gelierzucker 2 : 1
fein abgeriebene Schale und Saft
von 1 kleinen Bioorange
1 Msp. Zimtpulver

Knusprige Nussbrösel

100 g Universalmehl
100 g brauner Zucker
40 g kalte Butter, gewürfelt
40 g Haselnüsse oder Pinienkerne, geröstet

Crema Pasticcera

4 Eigelb
120 g Staub- bzw. Puderzucker
1 EL Vanillezucker
250 ml Milch
250 ml Schlagobers *(Schlagsahne)*

8 Portionsgläser à ca. 300 ml
Staub- bzw. Puderzucker zum Bestreuen

Für das Kompott alle Zutaten aufkochen und darauf achten, dass der Rhabarber möglichst nicht ganz zerfällt, dann kühl stellen.

Für die Nussbrösel alle Zutaten mischen und nicht zu fein cuttern. Gleichmäßig auf ein mit Backpapier ausgelegtes Backblech verteilen und im vorgeheizten Backofen (180 Grad Ober-/Unterhitze) circa 30 Minuten knusprig backen. Abkühlen lassen und etwaige größere Stücke zerbröseln.

Für die Crema Pasticcera (Vanillecreme) die Eigelbe in einer Rührschüssel mit dem Staub- und Vanillezucker zu einer hellen Creme aufschlagen, bis sich der Zucker aufgelöst hat. Das Mehl unterrühren. Milch und Obers bis knapp unter den Siedepunkt erhitzen und nach und nach unter die Ei-Zucker-Mischung rühren.

Diese Mischung in einer Kasserolle mit schwerem Boden unter fortwährendem Rühren zu einer dicken gebundenen Creme abziehen (nicht über den Siedepunkt erhitzen!). Unter gelegentlichem Durchrühren abkühlen lassen.

2 bis 3 Stunden vor dem Servieren alle drei Komponenten beliebig in die Gläser schichten und kühl stellen. Mit Staubzucker bestreut zu Tisch bringen.

HINWEIS

Für diese Schichtspeise eignen sich viele säuerliche Obstsorten. Die geniale Idee mit den Nussbröseln (das Spiel mit den Konsistenzen!) stammt übrigens von Tanja Grandits. Ihrem Rezept folgend könnten Sie die Crema Pasticcera auch durch eine Mascarponecreme ersetzen. Dazu 200 g Mascarpone mit 200 ml Obers *(Schlagsahne)* und circa 2 EL Feinkristallzucker zu einer festen Creme schlagen.

Als ich 2011 in Mauthen die brandneue Genusswerkstatt der Sonnleitners kennenlernte, verspürte ich große Lust, ebenfalls ein weiteres kleines Bauvorhaben in meinem Haus in Angriff zu nehmen. Ich wollte allerdings keine zweite Küche einrichten, aber das ehemalige Filmstudio im Souterrain, das seit Jahren ungenutzt war, bot sich für die Verwirklichung von neuen Ideen an.

Genussatelier Und so rückte im Frühjahr 2012 wieder ein Bautrupp an, und nach einigen Wochen war der unter »the Dining Room« befindliche Raum zum »Genussatelier« mutiert. Mit seinen offenen Ziegelwänden, der indirekten Beleuchtung hinter uralten toskanischen Dachschindeln, die das Licht durch auf schmiedeeisernen Haltern ruhenden Glasflächen fluten, und einem großen Mosaiktisch wirkt es wie eine – meine – toskanische Expositur. In der Ruhe und Abgeschiedenheit dieses Raumes mit seiner besonderen Atmosphäre und Geschichte habe ich inzwischen viele neue Ideen entwickelt, die in Zukunft meine Kernkompetenz – das romantische Dining – ergänzen werden.

Dinner Box Gemeinsam mit Michael Böhm von der »Grafischen Schmiede« in Gerasdorf bei Wien wurde die innovative Dinner Box entwickelt, die stylishe Lösung, um ohne Kochaufwand ein mit Liebe zubereitetes Essen »zu zweit allein« zu zelebrieren – gemütlich daheim auf dem Sofa, als Picknick im Weingarten, beim Freiluftkonzert im Schlosspark, oder für das ultimative Rendezvous unter Sternen.

Website neu Im Sommer 2013 habe ich die zweiwöchige Sommerpause quasi in dem – bei Hitze herrlich kühlen – Genussatelier damit verbracht, den Relaunch meiner Website vorzubereiten, um diesen Auftritt noch entscheidend professioneller zu gestalten. Umgesetzt und betreut wurde und wird dies von Lorenz Goldnagl, mit dem mich schon eine jahrelange gute und inspirierende Zusammenarbeit auf seinem Vorzeige-Webportal hietzing.at verbindet. Dieses zukunftsweisende technische Upgrade der »the Dining Room«-Homepage sowie die konsequente Nutzung von Social Media haben nicht zuletzt auch für mich einen großen Motivationsschub bedeutet.

Consultings Und mit meinem neuesten Projekt, den noch in den Kinderschuhen befindlichen Consultings, und vielen damit in Zusammenhang stehenden Ideen und Visionen, sind wir auch schon in der

Gegenwart – und darüber hinaus – angekommen. Das liebste Projekt ist und bleibt für mich jedoch dieses Buch, das ich in der meditativen Atmosphäre des Genussateliers auf der untersten, der geerdeten Ebene meines Hauses verfasst habe. Es symbolisiert den tiefen Wunsch und meine Intention, Sie, liebe Gäste, auch in Zukunft mit liebevoll zubereiteten Dinners und den damit in Zusammenhang stehenden Geschichten, Gedanken und Bildern ein wenig in Richtung »Destination Lebensfreude« abheben zu lassen. Mit dankbarem Herzen freue ich mich auf viele weitere Reisen der Sinne!

Ausblick

Wer Zuversicht hat,
dem wachsen Flügel.

Profumi Friulani

Eine duftende Rose der Verbundenheit weit über »the Dining Room« hinaus überreiche ich mit diesem Kapitel Inge und Wolfgang Brauneis, Sabine und Dieter Fröhlich, Sabine und Alexander Herzog (denen ich auch den neuen Fixpunkt Strassoldo verdanke), Tanja und Ewald Mengl. Und nicht zuletzt Familie Wollansky, deren Tochter Franziska mich seit April 2014 liebevoll im Service unterstützt.

Noch bevor die umsichtige Haushälterin Nidia das Frühstück servierte, stellte sie ein Sträußchen frisch gepflückter Gartenrosen auf den Tisch, die die ersten Sonnenstrahlen einfingen und einen betörenden Duft verströmten. Sie übertönten den wohligen Geruch nach Reis, den die dicken Steinmauern der alten Reismühle, heute ein »Bed & Breakfast«, noch immer zu atmen scheinen. Ausgerechnet eine Reismühle wurde zu meinem Quartier für die erste ausführliche Erkundungstour in Friaul-Julisch Venetien – wie passend für eine Köchin wie mich, die so oft und gern Risotto rührt!

Die Pileria di Riso, deren Mühlrad auch heute noch dekorativ klappert, gehört zu den Castelli di Strassoldo, zwei herrschaftlichen Anwesen, verbunden durch großzügige Parks und romantische Wasserläufe, am Weg zwischen Udine und Grado. Dieser Platz voll Magie, dessen Ursprünge sogar länger als jene des nahen römischen Aquilea zurückreichen, vermag eine für das Friaul – das ehemalige österreichische »Küstenland« – sehr repräsentative Geschichte zu erzählen. In der Schlosskirche, die, wie mir Hausherrin Gabriella ausführlich erzählte, ihr Großvater aus Dankbarkeit nach der unversehrten Heimkehr aus den Isonzo-Schlachten des Ersten Weltkriegs der Gemeinde vermachte, hatte 1798 kein Geringerer als Feldmarschall Radetzky eine ihrer Vorfahrinnen geheiratet. Später zog sich, verbittert über die Kaltstellung als Gleichgesinnter von Kronprinz Rudolf nach dessen Freitod, Reichskriegsminister Freiherr von Kuhnenfeld auf diesen seinen Landsitz zurück. Seine Tochter, Gabriellas Urgroßmutter, hat sich danach die Reismühle zur Lebensaufgabe gemacht und produzierte ein hochqualitatives Produkt, das in Spezialitätenhandlungen in Wien überaus begehrt war. Heute sind die Reisfelder verschwunden, sie mussten den Trockenlegungen der Mussolini-Ära weichen.

Gerüche und Düfte Neun spannende Tage war ich Ende Mai 2014 in Friaul-Julisch Venetien unterwegs, zwischen Alpen und Adria, zwischen Lagune und Steilküste, zwischen den Weinbergen des Collio und dem Karst. Sie erschienen mir wie eine Reise durch einen vielfältigen Duftgarten, der dieses facettenreiche Land charakterisiert. An Hausmauern und Einfriedungen – sogar mitten in den engen, verwinkelten Gässchen der Altstadt von Grado – stand der Gelsomino, der Sternjasmin, in voller Blüte und war mir mit seinem intensiven Odeur wie eine alles durchdringende Kennmelodie. Als ich die berühmte Teufelsbrücke überquert hatte und das Langobardenstädtchen Cividale durchstreifte, begleitete mich wiederum ein unnachahmlicher Duft, der offenbar seinen Ursprung in einer nahen Bäckerei hatte: nach frisch Gebackenem aus Nüssen und Hefe, der Gubana, einer typischen Mehlspeise. In Marano, einem kleinen, noch durchaus authentischen Fischerdorf, war es der appetitliche Geruch von frisch gefangenem Fisch, der blitzschnell von den Kuttern in die Verarbeitungsstelle verbracht wurde. Ganz anders verhielt es sich in dem hübschen Ort Spilimbergo jenseits des Tagliamento-Flusses. In der dort angesiedelten renommierten Mosaikschule fand ich mich in einem vom Geruch nach Staub und Mörtel erfüllten Klassenzimmer wieder, in dem junge Menschen aus vieler Herren Länder höchst konzentriert Steinchen um Steinchen zu einem Bild fügten. Schon seit Jahrhunderten hatte Venedig am Scheideweg zwischen Rom und Byzanz Mosaikkünstlern aus dem Friaul Arbeit gegeben und sie dazu inspiriert, die Kiesel ihrer Flüsse zu verwenden. Welch schöner, weiter Bogen: von den römischen Mosaiken im Dom von Aquilea zu den jungen Künstlern des 21. Jahrhunderts!

Auf Rilkes Spuren Eine meiner schönsten Erinnerungen jedoch gehört einem Spaziergang in der von harzigen Kräutern und der Meeresbrise gewürzten Morgenluft auf dem Rilke-Weg hoch über der Steilküste in Duino, von wo man Triest im blauen Dunst erahnen kann. Die Aromen von frisch geröstetem Kaffee, von gesottenem Fleisch in den Buffets, leider auch von Raffinerie-Emissionen, aber vor allem der Duft der weiten Welt gehören zu ihr, der Stadt, von der so manche in südlicheren Landesteilen nicht einmal mit Sicherheit wissen, ob sie zu Italien gehört.

Als ich durch das elegante Udine schlenderte, fiel mir auf, dass viele Passanten Rosensträuße mit sich trugen. Ich erkundigte mich nach dem Grund und konnte dem Redeschwall, den ich heraufbeschworen hatte, zumindest so viel entnehmen: Der 22. Mai ist der Namenstag der heiligen Rita von Cascia, einer in dieser Stadt sehr verehrten Heiligen, deren Attribut die Rose sei. Man verwies mich auf eine Kirche, in der die Rosenweihe stattfinde. Als ich dort mitten am späten Vormittag auf ein mit Menschen jeden Alters gefülltes Gotteshaus stieß, jeder von ihnen Rosen in Händen, war ich tief berührt. Spontan kam mir ein in meiner kleinen Aphorismensammlung gehütetes Sprichwort in den Sinn: »Ein wenig Duft haftet stets an der Hand, die anderen Rosen reicht.«

Friaul hat mir viele Rosen gereicht. Etwa ein unvermutetes kulinarisches Schlaraffenland in einem Lokal mit dem unverdächtigen Namen »Caffetteria Torinese« in Palmanova, der sternförmigen Festungsstadt, die den meisten nur als Autobahnausfahrt Richtung Küste ein Begriff ist. Dort habe ich unvergessliche kulinarische Höhenflüge erlebt und mich währenddessen kaum an der bodenständigen Italianità auf der abendlichen Piazza sattsehen können. Diese gastlichen Sternstunden boten mir genau jenes Parfum aus Hingabe und Herzlichkeit, das mir Geborgenheit vermittelt – und mich ungeduldig die nächsten Besuche herbeisehnen lässt.

Profumi Friulani
Das Dinner

Pomodori ai Sgombri

Branzino trifft Prosciutto
auf Kichererbsenpüree

Tiramisù all'Amaretto

Pomodori ai Sgombri

Dank der Süßwasserzufuhr aus den Karstquellen sind Sgombri – Makrelen – aus der oberen Adria von besonderer Qualität. Als ich im »Al Giardinetto« in Cormons eine Zubereitung »agrodolce« mit Zwiebeln und Rosinen verspeiste, kam mir auch dieses Rezept wieder in den Sinn.

8 große Strauchtomaten
2 EL Pinienkerne
1 EL Olivenöl
2 Schalotten, fein gehackt
1 Knoblauchzehe, sehr fein gehackt
1 Stange Sellerie, feinwürfelig geschnitten
etwas Selleriegrün, fein geschnitten
200 g Makrelenfilets in Olivenöl,
abgetropft und grob zerpflückt
3 EL in Weißwein gequollene Rosinen, grob gehackt
20 g Basilikum, grob geschnitten
(Küchenschere verwenden!)
1 TL Balsamico
½ TL Piment d'Espelette *(milder Chili)*
oder sehr fein gehackter frischer Chili,
je nach gewünschtem Schärfegrad
Meersalz, frisch gemahlener schwarzer Pfeffer

Butter oder Öl zum Fetten der Form
2 EL Semmelbrösel *(Paniermehl)* zum Bestreuen
etwas mehr Olivenöl extra vergine zum Beträufeln

Von den Tomaten die Kappe abschneiden. Mittels eines kleinen Gemüsemessers das Innere der Tomaten lösen und mit einem Teelöffel entfernen (Tomatenreste eventuell für eine pürierte Suppe oder ein Sugo verwenden). Die Tomaten kopfüber auf Küchenpapier abtropfen lassen.

Pinienkerne sanft im Olivenöl bräunen, die Schalotten, den Knoblauch sowie den Stangensellerie und das Grün beifügen, sofort mit Salz würzen und alles 1 bis 2 Minuten durchschwenken. Leicht überkühlt in einer Schüssel mit den anderen Zutaten mischen und mit Chili, Pfeffer und eventuell noch mehr Salz abschmecken.

Die Tomaten gleichmäßig mit der Masse füllen und in eine gefettete ofenfeste Form setzen. Mit den Semmelbröseln bestreuen, einem Faden Olivenöl beträufeln und im vorgeheizten Backrohr bei 180 Grad Ober-/Unterhitze circa 30 Minuten backen, bis die Tomaten weich und der obere Rand der Fülle leicht knusprig ist.

Lauwarm servieren. Die gefüllten Tomaten können auch 2 Tage im Kühlschrank aufbewahrt werden, dann vor dem Servieren Zimmertemperatur annehmen lassen. Eignen sich daher sehr gut zur stressfreien Vorbereitung!

Branzino trifft Prosciutto

auf Kichererbsenpüree

Saftiger Wolfsbarsch von der Küste, verpackt in würzigen Rohschinken aus den Bergen des Friauls, ergänzt durch cremig zubereitete Kichererbsen aus südlicheren Gefilden – Alpe-Adria par excellence!

3 EL Olivenöl extra vergine
6 EL Weißbrotbrösel
1 TL Rosmarinnadeln, feinst gehackt
1 Knoblauchzehe, feinst gehackt, karamellisiert *(siehe Seite 59)*
1 TL Schale von 1 Bioorange, feinst gerieben
1 Prise Chilizucker *(siehe Seite 59)*
1 EL Orangensaft, frisch gepresst
8 Blatt dünn aufgeschnittener Prosciutto crudo
Meersalz, frisch gemahlener schwarzer Pfeffer
4 küchenfertige Branzinofiletstücke à 70 g

Kichererbsenpüree

300 g getrocknete Kichererbsen
½ EL Speisenatron
1 ½ EL Universalmehl
1 ½ EL Meersalz
ca. 6 EL Wurzelgemüse brunoise, in feinsten Würfelchen
1 EL Rosmarinnadeln, feinst gehackt
2 EL Olivenöl extra vergine
2 Knoblauchzehen, feinst gehackt, karamellisiert *(siehe Seite 59)*
½ TL roter Chili, feinst geschnitten
Meersalz, frisch gemahlener schwarzer Pfeffer

mehr Olivenöl extra vergine zum Abschmecken

HINWEIS

Die Fischpäckchen können, fertig am Backblech vorbereitet, einige Stunden im Kühlschrank gelagert werden. In diesem Fall vor dem Backen Zimmertemperatur annehmen lassen. Das vorbereitete Püree lässt sich im Kühlschrank bis zu 3 Tage aufbewahren, zum Erwärmen eventuell etwas Wasser oder Gemüsebrühe beifügen.

Mit dem Kichererbsenpüree schon am Vortag beginnen. Kichererbsen gut wässern. Aus Natron, Mehl, Salz und etwas Wasser eine Paste herstellen, zu den Kichererbsen mischen und diese über Nacht im Kühlschrank weichen lassen. Vor der Weiterverwendung gründlich in einem Sieb abspülen.

Das Wurzelgemüse und die Rosmarinnadeln im Olivenöl ansautieren, die abgetropften Kichererbsen und alle weiteren Zutaten beifügen. Mit Wasser aufgießen, sodass alles knapp bedeckt ist, und bei milder Hitze köcheln, bis die Kichererbsen weich sind. Mit dem Mixstab pürieren, dabei noch etwas Olivenöl zugeben und abschmecken.

Für den Fisch in einem kleinen Topf 2 EL des Olivenöls sanft erhitzen, darin die Brösel goldbraun rösten und mit Rosmarin, Knoblauch, Orangenschale und Chilizucker mischen. Zum Schluss mit dem Orangensaft ablöschen, abschmecken und auskühlen lassen.

Jedes Blatt Prosciutto auf einer Hälfte mit einem Portionsstück Branzino belegen. Die Fische mit dem restlichen Olivenöl bepinseln, die Bröselmischung gleichmäßig darauf verteilen und festdrücken. Die unbelegten Teile der Schinkenblätter umklappen, sodass Päckchen entstehen. Diese auf einem mit Backpapier ausgelegten Backblech bei 230 Grad Ober-/Unterhitze circa 8 Minuten backen. Der Prosciuttomantel sollte dann knusprig, der durch die Bröseln „isolierte" Fisch andererseits noch saftig sein. Zusammen mit dem Kichererbsenpüree servieren.

Tiramisu all'Amaretto

Udine besitzt mit der Piazza Libertà den sicherlich schönsten venezianischen Platz außerhalb der Serenissima. Rechtfertigung genug, um dieses typisch venezianische Dessert zu servieren – und umso besser, wenn die Amarettikekse hausgemacht sind.

Meine Amaretti

(italienische Mandelmakronen für den Vorrat, für ca. 100 Stück)

550 g geschälte Mandeln
275 g Staub- bzw. Puderzucker
fein abgeriebene Schale von 2 Biozitronen
1 EL Vanillezucker
2 TL Zimtpulver
½ TL Ingwerpulver
1 EL gemahlener Kaffee
1 Schuss Amaretto
3–4 Eiweiß (100 g)
(Eigelb eventuell für ein Semifreddo verwenden, siehe Seite 26)
1 Prise Salz
275 g Feinkristallzucker

Tiramisu

3 große Bioeier
3 EL Feinkristallzucker
1 Schuss Amaretto
1 Prise Salz
500 g Mascarpone
ca. 16 hausgemachte Amaretti (siehe oben)

8 Gläser à ca. 300 ml

HINWEIS

Selbstverständlich können Sie auch handelsübliche Amaretti verwenden sowie alles in eine große Schüssel schichten. Aber mit der hausgemachten Variante sowie dem eigenen Portionsglas werden Sie meiner Erfahrung nach Gäste besonders glücklich machen!

Für die Amaretti die Mandeln zusammen mit dem Staub- und Vanillezucker, der Zitronenschale, dem Zimt- und Ingwerpulver und dem gemahlenen Kaffee im Cutter fein pulverisieren. Mit dem Amaretto parfümieren und beiseitestellen.

Die Eiweiße mit der Prise Salz zu einem sehr festen Schnee schlagen, dabei den Feinkristallzucker nach und nach einrieseln lassen. So lange weiterschlagen, bis sich der Zucker komplett aufgelöst hat und die Masse glänzend ist. Die Mandelmischung nach und nach einarbeiten.

Walnussgroße Kügelchen formen und mit genügend großem Abstand auf mit Backpapier ausgelegte Backbleche setzen. Vor dem Backen mindestens 2 Stunden an einem kühlen Ort (nicht im Kühlschrank) antrocknen lassen und mit einer Gabel leicht aufbrechen (einstechen und leicht drehen). Im vorgeheizten Backofen bei 160 Grad Umluft etwa 25 Minuten backen. Ausgekühlt in luftdichten Behältern aufbewahren.

Für das Tiramisu die Eier trennen. Die Eigelbe mit dem Zucker und dem Amaretto weißcremig aufschlagen, bis sich der Zucker aufgelöst hat. Mit dem Mascarpone vermischen. Die Eiweiße mit einer Messerspitze Salz zu festem Schnee schlagen und unter die Mascarponecreme heben. Die Amaretti nach Belieben in Stücke brechen.

Die Hälfte der Amarettistückchen in die Gläser verteilen, mit der Mascarponecreme gleichmäßig bedecken und mit den restlichen bestreuen. Vor dem Servieren mindestens 3 Stunden im Kühlschrank durchziehen lassen.

Stadt der Visionen

Meiner lieben Freundin Natascha Fröschl, Ärztin für ganzheitliche Tiermedizin, gewidmet. Klar, dass mein Goldie Gino, geduldiger Begleiter zu allen hier vorgestellten Destinationen, diese Freundschaft gestiftet hat. Natascha und mich verbindet ein unbeirrbares Bekenntnis zu Weltoffenheit, zu Toleranz und Mobilität im weitesten Sinn: Je internationaler, desto lieber!

Der Handlauf im marmornen Stiegenhaus ist mit rotem Samt überzogen. Vorbei an der ausladenden Skulptur, deren Allegorien den Bau des Sueskanals symbolisieren, schreitet die eingeladene Beau Monde Triests der 1850er-Jahre hinauf in die Salons. Wirft einen Blick in die prächtig bestückte Bibliothek, bemerkt das an einem mit schweren Samtvorhängen umrahmten Fenster permanent aufgestellte, stets in Richtung Hafen ausgerichtete Fernrohr. Man tuschelt, dass eines der Bilder im opulenten Rahmen nichts anderes sei als eine Camera obscura, durch die der Hausherr unbemerkt den Platz vor seinem Palazzo im Auge behalten würde. Es könnten ja Nationalisten oder Antimonarchisten das von ihm, Baron Pasquale Revoltella, finanzierte Denkmal des Kaiserbruders Erzherzog Maximilian schänden, und auf die örtlichen Ordnungshüter vertraut man grundsätzlich nicht. Und schon finden sich die Gäste an der großen, mit ausladenden Kerzenleuchtern geschmückten Tafel wieder. Während eine für diese Stadt typische Mischung aus mediterranen und altösterreichischen Gerichten aufgetragen wird, summt es laut und angeregt zwischen Goldspiegeln, Brokat und feinstem Porzellan. Small Talk und bewundernde Komplimente für den Hausherrn, einen ewigen Junggesellen, mischen sich mit dem unverhohlenen Anbahnen neuer Geschäfte zu »Noblesse oblige«.

Weitblick So jedenfalls konnte ich mir das lebhaft ausmalen, als ich das kleine Museum an der heutigen Piazza Venezia nahe des Hafens besuchte. Anders als das Schloss Miramare, das von seinem Erbauer Maximilian, dem späteren glücklosen Kaiser von Mexiko, niemals bewohnt wurde, vermittelt der »Salon Revoltella« einen lebendigen Einblick in die Hochblüte dieser Stadt, nachdem sie 1717 von den Habsburgern zum Freihafen erklärt worden war. Der ursprünglich aus Venedig stammende Baron hatte mit dem nicht immer undubiosen Handel von Weizen, Holz und Fleisch ein Vermögen gemacht und eine der großen Versicherungsgesellschaften gegründet, deren Zentralen noch heute die weitläufigen Plätze Triests prägen. Er bewies großen Weitblick, indem er sich für den Bau des Sueskanals einsetzte und darin die Chance sah, seine Heimatstadt in das Zentrum des Handels mit dem Orient zu rücken. Da Wien aber wenig Interesse zeigte, investierte Revoltella eine hohe Summe und wurde zum Vizepräsidenten der Sueskanal-Gesellschaft ernannt.

Triest, diese seit knapp nach dem Ersten Weltkrieg zu Italien gehörende Stadt, hat viele Beinamen.

Es ist die Stadt des Windes, denn die von den Bergen herabfallende kalte Bora gehört zu ihr wie die Kaffeehauskultur und die Buffets, in denen ab dem späten Vormittag Fleisch und Wurst am Köcheln sind und dazu stets frisch geriebener Kren bereitgehalten wird. In vielerlei Hinsicht ist Triest dann wienerischer als Wien. Es mag zwar tatsächlich eine Stadt sein, die sich dem Besucher nicht auf Anhieb erschließt, aber nicht umsonst hat sie in ihrer Geschichte eine Unzahl an Literaten – Menschen, die tiefer schürfen – angezogen. Unter anderem verweist man stolz auf James Joyce, der einige Jahre hier verbrachte und dessen Denkmal die Brücke über den Canale Grande schmückt, während sich Rilke an der romantischen Steilküste im nahen Duino zu Elegien inspirieren ließ.

Diese eigenständige, manchmal vielleicht sogar eigensinnige und, wie mir schien, beinahe anachronistisch elegante Stadt zu erkunden und zu verstehen, benötigt Zeit. Sinnbild dafür mag bereits die Annäherung sein: Die Autobahn windet sich an Schloten, Rohren und Flammen der Petrochemie vorbei, und die Aura von abblätternden Lagerhallen und Industrieanlagen erscheint keinesfalls verheißungsvoll. Daher mein Tipp: Nähern Sie sich langsam, fahren Sie in Duino ab und bummeln Sie entschleunigt entlang des zuerst steilen, dann flachen Adriaufers bis ins Stadtzentrum, an den Hafen, die Mole Audace und die Piazza Unità. Sie werden eine der vielleicht schönsten Städte der Welt vorfinden, eine Stadt mit Aussicht, die auch heute noch an ihren Visionen festzuhalten scheint. Umso mehr, als die sie eng umschlingenden Grenzen nunmehr – endlich – offene sind.

Stadt der Visionen
Das Dinner

Pikante Panna cotta
mit Roter Rübe und Orangenduft

Agnello al Cren

Cappuccino
zum Löffeln

Pikante Panna cotta

mit Roter Rübe und Orangenduft

Die Rote Rübe kam mit den Römern nach Mitteleuropa. Diese spannende pikante Kreation passt daher meines Erachtens perfekt zu einem Kulturraum, in dem Menschen romanischer, germanischer und slawischer Herkunft eine Symbiose eingegangen sind.

Rote-Rüben-Pickles (Vorrat)

ca. 1 kg Rote Rüben *(Rote Bete, Randen)*
2 EL Olivenöl
etwa 125 ml Pickles-Marinade *(siehe Seite 59)*
Meersalz, frisch gemahlener schwarzer Pfeffer

Panna cotta

300 ml Schlagobers *(Schlagsahne)*
200 g Sauerrahm *(Saure Sahne)*
100 g Gorgonzola dolce oder Dolcelatte
(milder italienischer Blauschimmelkäse), in Würfeln
Saft und fein abgeriebene Schale ½ Biozitrone
1 Prise Chilizucker *(siehe Seite 59)*
Meersalz, frisch gemahlener schwarzer Pfeffer
2 Blatt Gelatine

etwa 1 EL frisch gerissene Zesten einer Bioorange

8 Gläser à ca. 300 ml

Die ungeschälten Roten Rüben gründlich waschen, mit Olivenöl einreiben und jede einzelne sorgfältig in zwei Lagen Alufolie einwickeln. Die Päckchen im Backofen bei 200 Grad Ober-/Unterhitze etwa 2 Stunden garen, bis die Rüben schmelzend weich sind, dann möglichst im noch heißen Zustand (Küchenhandschuhe verwenden!) schälen. Bei jüngeren Exemplaren lässt sich die Haut oft auch ganz leicht mittels Fingerdruck abziehen.

Die Rüben feinwürfelig schneiden, umgehend mit der Pickles-Marinade vermischen und einige Stunden im Kühlschrank ziehen lassen. Ich empfehle, gleich eine größere Menge davon vorzubereiten, da diese Pickles zumindest 1 Woche lang gekühlt haltbar und sehr vielseitig verwendbar sind.

Für die Panna cotta alle Zutaten bis auf die Gelatine in einem Topf mischen und vorsichtig bis unter den Siedepunkt erhitzen. Die Gelatine in kaltem Wasser einweichen, bis sie geschmeidig ist, gut ausdrücken und in der heißen Obersmischung komplett auflösen. Die Panna cotta nochmals abschmecken, gleichmäßig in die Gläser füllen und im Kühlschrank stocken lassen.

Vor dem Servieren je 1 bis 2 EL der marinierten Roten Rüben auf jede Panna-cotta-Portion setzen und mit den Orangenzesten vollenden.

Agnello al Cren

Dieses »altösterreichisch« mit Kren gewürzte, butterweich geschmorte Lamm ist eine ausdrückliche Empfehlung von Anna. Was für Triest per se zu gelten scheint, manifestiert sich auch hier als Ausnahme, die die Regel bestätigt: Man darf es sogar – ganz »unitalienisch« – mit Tagliatelle servieren!

100 g Butter
3 EL Olivenöl extra vergine
2 mittelgroße Gemüsezwiebeln, fein gehackt
1 EL Thymianblättchen
3 Lorbeerblätter
100 ml Weißweinessig
ca. 300 ml Gemüse- oder Hühnerbrühe
Meersalz, frisch gemahlener schwarzer Pfeffer
ca. 1 ½ kg ausgelöstes Lammfleisch
von Schulter oder Stelze, in Würfeln
etwa 4 EL frisch gerissener Kren *(Meerrettich)*,
je nach Schärfe
6 EL glattblättrige Petersilie, gehackt

In einem Schmortopf die Hälfte der Butter, Olivenöl, Zwiebeln, Thymian, Lorbeerblätter sowie Weißweinessig und Brühe langsam zum Kochen bringen und mit Salz und Pfeffer würzen.

Das Fleisch beifügen, gut umrühren und den Deckel auflegen. Die Hitze zurückschalten und alles mindestens 1 Stunde langsam schmoren, bis das Fleisch butterweich ist und nur noch wenig Kochflüssigkeit vorhanden ist. Die Lorbeerblätter entfernen.

Die restliche Butter in einem kleinen Topf schmelzen, den Kren und die Petersilie samt einer Prise Salz beifügen und 1 Minute köcheln lassen. Die Buttermischung zum geschmorten Fleisch gießen, alles gut mischen und nochmals abschmecken. Auf heißen Tellern anrichten und mit Tagliatelle oder Kartoffeln servieren.

HINWEIS

Versuchen Sie es doch einmal mit einem Kartoffel-Birnen-Gratin als Beilage. 1 kg vorwiegend festkochende Kartoffeln und 4 Birnen schälen und abwechselnd in eine gefettete Auflaufform schichten. Mit einer Mischung aus 500 ml Schlagobers *(Schlagsahne)* und 500 ml Fond übergießen, sodass alles knapp mit Flüssigkeit bedeckt ist. Mit Salz, frisch gemahlenem Pfeffer und frisch geriebener Muskatnuss würzen und im vorgeheizten Backofen bei 180 Grad Ober-/Unterhitze so lange backen, bis die Obersmischung komplett aufgesogen wurde und alles appetitlich gebräunt ist.

Cappuccino zum Löffeln

Einer meiner Dessertklassiker, der vor Jahren beim Experimentieren entstand, könnte beinahe aus Triest stammen, der Stadt der Kaffeekultur.

250 ml Milch
1 Ristretto (sehr starker, kurzer Espresso)
200 g dunkle Schokolade (Kakaoanteil 70 %)
3 EL Feinkristallzucker
2 Eigelb *(Eiweiß eventuell für Amaretti-Kekse, siehe Seite 172, oder Pignoli-Rosmarin-Cracker, siehe Seite 102, verwenden)*
2 ½ Blatt Gelatine
250 ml Schlagobers *(Schlagsahne)*

8 Gläser à ca. 250 ml

Die Milch mit dem Ristretto in einem Topf mischen und darin vorsichtig die Schokolade schmelzen. Inzwischen den Feinkristallzucker mit den Eigelben aufschlagen, bis sich der Zucker aufgelöst hat.

Die heiße Schokolademilch unter ständigem Rühren in die Eigelb-Zucker-Masse gießen, die Mischung zurück in den Topf leeren und langsam bis knapp unter den Siedepunkt aufkochen lassen, bis sie bindet. Zuletzt die eingeweichten Gelatineblätter darin auflösen und alles in eine Rührschüssel füllen, etwas abkühlen lassen.

Das aufgeschlagene Obers mit dem Handmixer (kleine Stufe) oder mithilfe eines Schneebesens kräftig einrühren (anstatt es »unterzuheben« – wie sonst bei geschlagenem Obers üblich).

Die Masse in die Gläser füllen und mindestens 12 Stunden in den Kühlschrank stellen. Nach dem Kühlen hat sich – aufgrund des kräftigeren Einrührens des Obers – eine schaumige Oberfläche auf der zarten Creme gebildet.

Natale in Toscana

Meiner engen Freundin und Vertrauten Michi Mojzis-Böhm und ihrem Mann Karl gewidmet. Eine größere Freude als mit einem Kanister voll frisch gepresstem Olivenöl Marke »La Casellina« kann ich den beiden zu Weihnachten nicht machen. Es steht für Freundschaft und Lebensfreude. Für Wurzeln und Flügel.

E in schweres Paket, soeben von der Post zugestellt: Mein erster, prüfender Blick gilt der Frage, ob hoffentlich alles dicht geblieben ist. Doch es scheint die lange Reise unversehrt überstanden zu haben. Ich hebe es auf und vernehme aus seinem Inneren ein träges Schwappen. Der Inhalt sind vierzig Liter pure Magie: das frisch gepresste, jungfräuliche Olivenöl aus »meiner« Toskana, ohne das meine Küche und die guten Schwingungen darin kaum vorstellbar wären. Knapp vor Weihnachten kommt es von dort, wo ich jetzt gerade besonders gern wäre – auch deshalb, weil jetzt wohl die Toskana den Toskanern gehört.

Träumereien An einem nebeligen Nachmittag würde ich in Pienza die berühmte »Via dell'Amore« entlanglaufen. Bis in den Herbst hinein war sie fest in der Hand der Touristen, jetzt habe ich sie beinahe für mich allein. Doch sobald ich mich dem Zentrum dieses vor einem halben Jahrtausend als »ideale Stadt« errichteten Renaissancejuwels nähere, wird die Beschaulichkeit von fröhlichen Stimmen durchbrochen. Vor der Kathedrale hat sich auch jetzt, ungeachtet der schneidenden, feuchten Kälte, eine kleine Schar älterer Männer eingefunden, die gestenreich über Gott und die Welt, vielleicht Politik, diskutiert. Auch junge Familien mit Kinderwagen sind unterwegs, Weihnachtswünsche werden da und dort ausgetauscht. Andere, dick eingemummt und schnellen Schrittes unterwegs, erledigen ihre letzten Besorgungen vor dem Fest. Flugs verschwinden sie hinter der nächsten Ladentür, deren Glas so stark mit Kondenswasser beschlagen ist, dass man kaum ins Innere sieht.

Selbstverständlich besuche ich meine Lieblingskirche, San Francesco, das einzige noch erhaltene mittelalterliche Bauwerk. Die Schlichtheit der Romanik, die verblassenden Gemälde an den Wänden des mächtigen Kirchenschiffs, die dicken Holzbalken an der Decke und das wenige Licht, das durch das eine kleine Fenster in der Apsis dringt – all dies scheint nur da zu sein, um unsere Gedanken auf das Wesentliche zu richten. Mein Blick fällt auf die große Krippe hinter Glas, die hier ausnahmsweise permanent aufgestellt ist. In den Familien wird sie zwei Wochen vor dem Fest hervorgeholt, das Jesuskind – Il Bambinello Gesù – darf aber erst in der Heiligen Nacht hineingelegt werden. Und auch wenn Christbäume in Italien keine wirkliche Tradition haben, so hat man zumindest hier, vor San Francesco, auch

eine Tanne aufgestellt und mit bunten Sternen geschmückt. Eine Tanne in der Welt der Olivenbäume.

Weites Land Durch das westliche Stadttor spaziere ich nun hinaus zur Kapelle San Caterina, wo vor noch nicht allzu langer Zeit eine kleine Zypressenallee angelegt wurde. Von hier genießt man zu allen Jahreszeiten einen unvergleichlichen Blick über das Orciatal. Die Braun- und Grautöne des Herbstes sind jetzt, nach den Regenfällen des Frühwinters, wieder frischen Grüntönen gewichen, die allerdings von den wogenden Nebelschwaden und der früh hereinbrechenden Dämmerung absorbiert werden. Vielleicht schneit es ja sogar ein wenig. Jetzt, in Italien, zu einer Zeit, in der der Schleier zwischen Diesseits und Jenseits dünn wie ein Hauch wird.

Es sind die damit in Verbindung stehenden kostbaren Momente, Erinnerungen und verbliebenen Träume, die mein Olivenöl so unverwechselbar machen. Dankbar kehren meine Gedanken in die Küche zurück, in Vorfreude auf eine mediterrane Weihnacht. Buon Natale!

30

Natale in Toscana
Das Dinner

Cipolle Ripiene

Ziegenfrischkäsesoufflés
mit Gewürzkarotten

Scarpazzone
mit Riesengarnele im Lardo

Orangentörtchen

Schokolivenmousse
mit hausgemachten Aranzini

Cipolle Ripiene

Diese feinen, mit Fleisch gefüllten geschmorten Zwiebeln aus Annas Rezeptschatz erscheinen mir ideal als Auftakt zu meinem toskanischen Weihnachtsmenü, in dem Zwischen- und Hauptgericht quasi vegetarisch sind.

5 mittelgroße weiße Gemüsezwiebeln
200 g Kalbs- oder Rindsfaschiertes *(Hackfleisch)*
1 TL Olivenöl extra vergine
1 Ei
50 g Mortadella, feinwürfelig geschnitten
4 EL Parmesan oder Grana Padano,
frisch gerieben
2 EL Semmelbrösel *(Paniermehl)*
2 EL Marsala
Meersalz, frisch gemahlener schwarzer Pfeffer
60 g Butter
120 ml klare Suppe oder Fond

Butter oder Öl zum Fetten der Form
Alufolie

Die gewaschenen, aber ungeschälten Zwiebeln in Salzwasser weich kochen, bis man sie mit einem spitzen Messer leicht durchstechen kann. Abkühlen lassen, dann schälen und halbieren. Je nach Größe etwa 24 Zwiebel-»Schalen« herauslösen. Diese nebeneinander in eine gefettete feuerfeste Form setzen. Die Zwiebelreste fein hacken und beiseitestellen (einige ganz gebliebene kleinere Zwiebel-»Schalen« können auch später als »Hütchen« auf der Fülle verwendet werden).

Das Faschierte im heißen Olivenöl 1 bis 2 Minuten ansautieren, bis es knapp durchgebraten ist, dabei mit dem Kochlöffel zerkrümeln. Überkühlt mit den fein gehackten Zwiebelresten, dem Ei, der Mortadella, dem Parmesan, den Semmelbröseln und dem Marsala gut vermischen und mit Salz und Pfeffer abschmecken.

Diese Mischung gleichmäßig in die Zwiebel-»Schalen« verteilen. Auf jede Füllung eine Butterflocke setzen und die Zwiebeln mit dem Fond untergießen. Im vorgeheizten Backofen (200 Grad Ober-/Unterhitze) 15 Minuten backen. Dann die Form gut mit Alufolie verschließen, die Hitze auf 180 Grad herunterschalten und die Zwiebeln in 30 Minuten fertig backen.

Bei Zimmertemperatur mit einem Faden Olivenöl beträufelt servieren.

Ziegenfrischkäsesoufflés mit Gewürzkarotten

Dieses Soufflé mit dem pfiffigen Gemüse – beides inspiriert von Yotam Ottolenghi – ist eines meiner neuesten »Starrezepte«, das immer gut ankommt und vielseitig variiert werden kann. Damit ist der Auftritt im Weihnachtsmenü mehr als verdient!

Ziegenfrischkäsesoufflés

60 g Butter
40 g Universalmehl
1 Schuss fruchtiger Weißwein
280 ml Milch
1 Lorbeerblatt
1 Stückchen Schale einer Biozitrone
200 g Ziegenfrischkäse
4 Eier, getrennt
1 Prise Jalapeño-Chilipulver
Meersalz, frisch gemahlener schwarzer Pfeffer
2 EL Honig

8 Förmchen à 150 ml (Ramequins)
geschmolzene Butter zum Ausstreichen
etwas Mehl oder geriebene Haselnüsse zum Ausstreuen

Gewürzkarotten

1 ¼ kg Karotten, geschält, in dünnen Scheiben oder Segmenten
etwas Salz
1 EL Olivenöl extra vergine
1 Knoblauchzehe, sehr fein gehackt
1 ½ EL Koriandersamen, getoastet

Sirup

60 ml Rotwein
Saft von 2 mittleren Orangen
50 g Honig
1 Msp. Zimtpulver
4 Sternanis
Meersalz, frisch gemahlener schwarzer Pfeffer

Für die Soufflés Butter in einer Kasserolle schmelzen, das Mehl unterrühren und mit dem Wein ablöschen. Die Milch zugießen, das Lorbeerblatt sowie die Zitronenschale zufügen und unter Rühren zu einer dicken Béchamelsoße einkochen. Lorbeerblatt und Zitronenschale wieder entfernen. Die Soße mit dem Ziegenfrischkäse glatt rühren.

Nach dem Abkühlen die Eigelbe einrühren und abschmecken. Die Eiweiße mit einer Prise Salz zu einem festen Schnee aufschlagen, dabei langsam den Honig beifügen. Unter die Käsemasse heben und auf die sorgfältig gefetteten und ausgestreuten Förmchen verteilen.

Diese in ein circa 2 cm hoch mit Wasser befülltes tiefes Backblech stellen und im vorgeheizten Backofen (180 Grad Ober-/Unterhitze) 30 Minuten backen. Den Backofen ausschalten, die Soufflés noch 10 Minuten in der nachlassenden Hitze ruhen lassen. Dann mit einem flachen Messer vom Rand lösen und stürzen.

Die Karotten leicht salzen, mit Olivenöl, Knoblauch und Koriander vermischen und im vorgeheizten Backofen (180 Grad Umluft, wenn möglich 20 % Dampfzugabe) garen, bis sie etwas Farbe angenommen haben.

In der Zwischenzeit aus dem Rotwein und den restlichen Zutaten einen Sirup einkochen (die Sternanis nachher wieder entfernen), über die Karotten verteilen und weiter garen, bis sie bissfest sind. Auskühlen lassen und bei Zimmertemperatur mit den lauwarmen Soufflés (gegebenenfalls im Backofen bei 80 Grad Umluft erwärmen) servieren.

Scarpazzone mit Riesengarnele im Lardo

Annas Spinattorte aus der Renaissance spielt mit damals häufig verwendeten Gewürzen sowie dem für mich so spannenden Yin und Yang von Salz und Zucker. Wenn dieses Buch erscheint, werde ich sie wohl bereits zum dritten Mal als Teil des toskanischen Adventmenüs servieren.

Für eine salzige Torte mit 26 cm Durchmesser
(8 Haupt- oder 16 Vorspeisenportionen)

120 g Weißbrotwürfel, altbacken
500 ml Milch
150 g Butter
600 g Blattspinat, blanchiert, sehr gut ausgedrückt, fein gehackt (ca. 2 kg Rohgewicht)
6 verquirlte Eier
50 g Rosinen, in Weißwein gequollen
60 g Zwieback, fein zerrieben
40 g Pinienkerne, getoastet
50 g getoastete Mandeln, grob gehackt
1 EL Orangenzucker *(siehe Seite 59)*
1 EL Fenchelsamen, grob gemörsert
½ TL Zimtpulver
½ TL Muskatnuss, frisch gerieben
8 EL Parmesan oder Grana Padano, frisch gerieben
Meersalz, frisch gemahlener schwarzer Pfeffer

16 Riesengarnelen *(Zubereitung siehe Seite 104)*
8 Scheiben Lardo *(toskanische Spezialität: ein in Marmortrögen gereifter fetter Speck)*

Butter zum Fetten sowie Mehl und Semmelbrösel *(Paniermehl)* zum Ausstreuen der Form
Alufolie

HINWEIS

Das Blanchieren von Blattspinat (in kochendem, gut gesalzenem Wasser zusammenfallen lassen, mit eiskaltem Wasser abschrecken und sehr fest ausdrücken) ist zugegebenermaßen etwas mühsam. Trotzdem empfehle ich Ihnen, für dieses Rezept keinen tiefgekühlten Blattspinat zu verwenden. Abgesehen vom geschmacklichen Unterschied würde es regelrecht einer »Entweihung« dieses sehr speziellen Rezepts gleichkommen!

Das Brot in der Milch einweichen und mithilfe einer Gabel aufschlagen. Die Butter in einer Kasserolle schmelzen, die Brot-Milch-Mischung hinzufügen und etwa 5 Minuten unter Rühren kochen. Abgekühlt in einer großen Rührschüssel mit allen anderen Zutaten gründlich vermengen und abschmecken. Die fertige Mischung in eine gefettete, ausgestreute Form füllen.

Die Spinattorte im vorgeheizten Backofen (180 Grad Ober-/Unterhitze) circa 50 Minuten backen (Stäbchenprobe); die erste Hälfte der Backzeit locker mit Alufolie abdecken. Abgekühlt in die gewünschten Portionsstücke schneiden.

Ich serviere sie am liebsten bei Zimmertemperatur mit (je nach Portionsgröße) 1 bis 2 Riesengarnelen pro Person, jede dekorativ mit ½ Scheibe Lardo umwickelt.

Diese pikante Torte lässt sich übrigens sehr gut mit Blauschimmelkäse, Forellenkaviar sowie dem Pistazien-Zitronen-Pesto (siehe Seite 104) kombinieren.

Orangentörtchen

Dieses leicht adaptierte Rezept von Arthur Berger ist mein neuer Star am Desserthimmel. Gekrönt werden diese Minitörtchen mit der Schokolivenmousse und hausgemachten Aranzini all'Anna.

Ölbiskuit

2 Eier
150 g Feinkristallzucker
80 ml Olivenöl extra vergine
80 ml Milch
200 g Universalmehl
½ Päckchen Backpulver
1 Prise Salz

Orangencreme

1 sehr große, kernlose Bioorange
100 g Feinkristallzucker
Ölbiskuitbrösel *(siehe Rezepttext)*

Aranzini *(kandierte Orangenschale)* zum Dekorieren *(siehe Seite 204)*

Schokoladesoße

50 g Schokolade *(70 % Kakaoanteil)*
40 g Butter

Staub- bzw. Puderzucker zum Bestreuen

Die Orange für die Creme am besten schon am Vortag in den Tiefkühler legen und durchfrieren lassen.

Für das Ölbiskuit mithilfe eines Handmixers oder der Küchenmaschine die Eier mit dem Zucker so lange schaumig schlagen, bis sich der Zucker aufgelöst hat. Das Öl mit der Milch verquirlen und unter weiterem Rühren nach und nach beifügen. Alle trockenen Zutaten mischen, in die Schaummasse sieben und mittels eines Teigschabers unterheben (nicht mehr schlagen).

Den Teig wie für eine Biskuitrolle etwa 1 cm hoch auf ein mit Backpapier ausgelegtes Blech streichen und im vorgeheizten Backofen (200 Grad Ober-/Unterhitze) 10 bis 12 Minuten goldbraun backen. Abgekühlt mittels eines Ausstechers oder Servierrings (6 cm Durchmesser) 8 Törtchen ausstechen. Den Rest des Biskuits im Cutter fein zerbröseln.

Von der gefrorenen Orange zuerst die Schale mit einer scharfen Küchenreibe abschaben und auffangen. Dann die weiße Haut durchbrechen und das Fruchtfleisch von innen her ausschaben (nur das bittere Weiße sollte übrig bleiben). Die abgeriebene Schale und das Fruchtfleisch mit dem Zucker und den Kuchenbröseln gut vermengen. Die Törtchen mit dieser Masse gleichmäßig bestreichen und in die Mitte je ein Stückchen kandierte Orangenschale setzen. Die Törtchen bis 1 Stunde vor dem Servieren kühl stellen.

Die Schokolade mit der Butter sanft schmelzen. Jedes Törtchen damit am Teller dekorativ umkränzt sowie mit Staubzucker bestreut servieren.

Schokolivenmousse mit hausgemachten Aranzini

Das feine Olivenöl von »La Casellina« verleiht dieser süchtig machenden, seidigen Schokolademousse eine spannende Note. Sie ergänzt das Orangentörtchen auf perfekte Weise zu einer Dessertvariation, der ich den Namen »Mein mediterraner Traum« zuerkennen würde.

200 g dunkle Schokolade *(70 % Kakaoanteil)*
50 ml fruchtiges Olivenöl extra vergine
3 Eier
70 g Feinkristallzucker
1 Prise Salz
300 ml Schlagobers *(Schlagsahne)*

8 Gläser à ca. 250 ml
eventuell Aranzini zum Dekorieren
(siehe unten)

Aranzini (Vorrat)

dekorativ bis knapp vor dem Fruchtfleisch
abgeschnittene Orangenschalenschnitze
(samt der bitteren weißen Haut)
100 g Feinkristallzucker und 50 ml Wasser
pro 100 g Orangenschalen für den Sirup

HINWEIS

Sie können die gesamte Masse auch in eine Frischhaltebox einfüllen, entsprechend kühlen und zum Servieren Nocken *(Klößchen)* abstechen. Für eine festliche Variation dann gemeinsam mit den Orangentörtchen *(siehe Seite 202)*, der Schokoladesoße und den Aranzini dekorativ anrichten.

Die Schokolade in einer Kasserolle vorsichtig im Olivenöl schmelzen. Die Eier trennen.

Drei Rührschüsseln bereitstellen. In der ersten die Eigelbe mit dem Zucker aufschlagen, bis dieser nicht mehr knirscht. In der zweiten die Eiweiße mit einer Prise Salz zu einem festen Schnee schlagen. In der dritten das Obers aufschlagen.

Die warme Schokolade-Öl-Mischung sehr langsam und unter fortwährendem Schlagen (Handmixer) in die Zucker-Eigelb-Mischung einrühren. Dabei wird die Masse zäh, was aber keine Rolle spielt.

Dann ebenfalls mithilfe eines Handmixers nach und nach den Eischnee beifügen, sodass die zähe Masse geglättet wird. Zum Schluss das geschlagene Obers gründlich unterheben (nun nicht mehr schlagen).

Die Masse in Gläser füllen, mit Aranzini dekorieren und vor dem Servieren mindestens 6 Stunden in den Kühlschrank stellen.

Für die Aranzini (kandierte Orangenschale) die abgeschnittenen Schalen in einer Kasserolle mit genügend Wasser aufkochen, 15 Minuten köcheln lassen, abgießen, nochmals aufkochen und wieder abgießen. Damit wird weitestgehend das Bittere entfernt. Die entsprechende Menge Zucker und Wasser für den Sirup aufkochen, die blanchierten Orangenschalen beifügen und so lange köcheln, bis sie den gesamten Sirup aufgesogen haben. Auf Backpapier ausbreiten (Küchenhandschuhe verwenden!), trocknen lassen und dann in einem luftdichten Vorratsbehälter im Kühlschrank aufbewahren.

Rezeptregister

Kochrezepte sind nichts Statisches (genauso wenig wie Reisedestinationen). Sie entwickeln sich weiter und bieten Raum für Neues. Daher habe ich für dieses Buch ein begleitendes Weblog ins Leben gerufen, um die Bestandsaufnahme lebendig zu erhalten, als Forum für einen hoffentlich regen Austausch zwischen Ihnen, liebe Leser_innen und Ihrer Autorin:

www.thediningroom.at/blog/lebensfreude

the Dining Room

Herzlichen Dank an

Anna Del Conte für ihr liebevoll formuliertes Vorwort

Jürgen Ehrmann, Edition Esspapier, für seine einfühlsame Projektbetreuung, die keine Wünsche offen ließ

Eckhard und Andrea Waasmann für das Umsetzen der Rezepte und des the-Dining-Room-Ambientes in stimmige Fotos

Ulrich Hantsch für seinen herzlichen Support betreffend Fototechnik und die professionelle Bearbeitung der Reisefotos

Susanne Kammerer, Translation for Gourmets, für die sanfte Überarbeitung von Anna Del Contes Vorwort

Lisi Glaeser, Buch- und Geschenkeladen Ober St. Veit, für ihr Engagement und die Organisation der Buchpräsentation in Hietzing

Franziska Wollansky, meine Mitarbeiterin seit April 2014, für ihre engagierte Unterstützung sowie Gertraud und Franziska Wollansky für die akribische Endkorrektur der Texte

Erika und Georg Authried, Inge und Wolfgang Brauneis, Olivia und Markus Fabian, Grit Hoflehner, Marta Katava und Alexis Klein sowie Michaela Mojzis-Böhm und Karl Böhm, die während des Dinnershootings am 28. 02. 2014 als Rolemodels zur Verfügung standen

Impressum

Für den Inhalt verantwortlich
© 2014 Angelika Apfelthaler

Produktion, Redaktion und Grafik
Edition Esspapier, Wiener Neustadt (www.editionesspapier.com)

Fotos
Angelika Apfelthaler, Eckhard Waasmann, Katharina Gossow (Seite 4)

Idee, Konzept, Texte und Rezepte
Angelika Apfelthaler

Druck
Druckkonzept, Bad Erlach, mit unserem Partner Druckerei Theiss, St. Stefan

Alle Rechte vorbehalten.

Abdruck oder Speicherung in elektronischen Medien nur nach vorheriger schriftlicher Genehmigung durch den Verlag.

Printed in Austria

ISBN 978-3-9503791-0-5